우유보다 뇌과학

아이들의 머릿속에서는 무슨 일이 벌어질까

우유보다 뇌과학

WIE KINDER DENKEN LERNEN

만프레드 슈피처, 노르베르트 헤르슈코비츠 지음 | 박종대 옮김

THE NAN
더난콘텐츠

차례

제1장

아기의 뇌에서 벌어지는 일

제2장

인생에서 가장 중요한 시기

제3장

부모가 모르는 아이의 세상

모든 것이 아이를 만든다

아기의 뇌에서 벌어지는 일

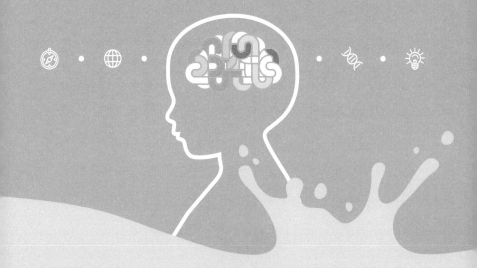

아기가 태어나다
_ 첫 3개월

갓 태어난 아기는 겉으로 보면 아무것도 하지 못하는 수동적 존재 같다. 배고프면 울고, 먹으면 싸고, 졸리면 자고, 추우면 엄마의 품을 파고들 뿐이다. 그래서 부모는 아기를 먹이고 재우는 일이 육아의 전부라고 생각한다. 예전에는 다들 그렇게 생각했다. 그러나 과연 그럴까? 요즘의 인식은 다르다. 아기는 모든 걸 쭉쭉 빨아들이는 스펀지와 비슷하다. 단순히 엄마 젖만 빠는 것이 아니라 자신이 마주한 세계 자체를 빨아들인다. 그것도 아주 능동적으로 말이다. 오늘날 우리는 지난 20~30년 동안의 신생아 연구를 통해 갓난아이 단계에서 정확히 어떤 일이 일어나는지 더 잘 이해할 수 있게 되었다. 예를 들면 이런 것들이다. 아기는 어떻게 배울까? 학습은 어떤 식으로 이루어질까? 왜 그런 일이 벌어질까? 뇌 발달과 학습은 서로 어떻게 연결되고, 어떻게 분리될까? 이제 우리는 아기들이 실제로 어떤 일을 하는지 최소한 어느 정도는 이해할 수 있다. 아기들은 늘 배운다. 어떻게 배우는지는 이제부터 설명하겠다.

나는 한 살짜리 아기가 많은 자극을 통해, 이 시기에 벌써 세상을 배우는 것을 보며 매번 감탄을 금치 못한다. 아기는 엄마 뱃속에 있던 아홉 달 동안 경험해본 적 없는 신세계로 어느 날 갑자기 뚝 떨어진다. 세상의 모든 소리와 색깔, 냄새가 신기하다. 예를 들어 박수 소리를 들으면 처음 서너 번은 움찔한다. 하지만 이후에는 그런 행동을 보이지 않는다. 몇 번의 경험으로 자신에게 위험을 끼치는 일이 아니라는 사실을 배운 것이다. 그래서 더는 움찔할 필요가 없다. 이는 아기에게도 단기 기억(short-term memory)이 존재한다는 것을 의미한다. 서너 번의 경험을 기억함으로써 박수 소리가 나도 아무 일이 일어나지 않는다는 것을 학습한 것이다. 전문 용어로 '습관화(habituation)'라 부르는 과정이다.

습관화는 익숙해진다는 뜻이다. 익숙해진다는 것은 초보적인 학습 형태다. 무언가에 익숙해지면 나는 그에 대한 정보를 얻고,

그 정보는 내 속에 간직된다. 냄새를 예로 들어보자. 혹시 여러분은 아기가 엄마 뱃속에서부터 냄새를 맡는 걸 알고 있는가? 실제로 아기는 태아 상태에서 이미 냄새를 맡는다. 실험을 통해 밝혀졌다. 독특한 향신료를 먹는 알자스 지방에서만 가능했던 이 실험은 몇 년 전 학술지에 소개되었다. 실험의 주제는 냄새였다. 좀 더 정확히 말하면 아니스(anise)라는 성분의 냄새와 맛이었다. 아니스의 맛은 무척 강하고 독특하다.

포인트는 아니스 냄새와 맛이 몸속의 모든 액체 속에 깊이 스며든다는 점이다. 심지어 이것은 태아를 감싼 자궁의 양수에까지 녹아든다. 만일 엄마가 출산 2주 전에 쿠키 형태건, 아니면 즙이나 시럽 형태건 상당히 많은 양의 아니스를 먹으면 태아는 엄마 뱃속에서 이미 아니스에 흠뻑 적셔진다.

실험자들은 갓 태어난 아기들에게 냄새가 안 나는 파라핀유와 강한 냄새가 나는 아니스유 중 하나를 솜뭉치에 묻혀 코에 대 주었다. 그러자 놀라운 결과가 나왔다. 이미 아니스를 알고 있던, 그러니까 그 냄새가 익숙한 아기들은 아니스 향을 맡더니 입꼬리가 올라갔다. 즉 '웃었다'는 뜻이다. 반면에 아직 아니스를 모르는, 그러니까 그 냄새를 처음 맡아보는 아기들은 입꼬리가 내려갔다. 물론 이런 반응을 두고 이렇게 말할 수도 있다. "글쎄, 실험

우유보다 뇌과학

자가 솜뭉치를 코에 대면서 살짝 웃지 않았을까? 아기가 웃은 것도 그 사람의 표정에 반응한 거겠지." 그렇지 않다. 이런 의심을 떨치기 위해 실험자들은 아기들을 비디오로 촬영했고, 입꼬리의 미세한 반응 정도를 면밀히 측정했다. 게다가 이 실험에는 통제 조건이 하나 더 있었다. 한편의 실험자들은 아니스 냄새를 맡지 못했고(파라핀유를 적신 솜뭉치를 들고 있던 사람들이다), 다른 한편으로는 누가 엄마 뱃속에서 이미 아니스를 알고 있는 아기인지, 아니면 출생 뒤에야 그 냄새를 처음 맡아보는 아기인지 알지 못했던 것이다.

이 실험은 다음 사실을 명백하게 입증했다. 아기들은 엄마 뱃속에서 아니스 냄새를 맡을 수 있고, 태어난 지 몇 시간 만에 그 냄새를 정확히 기억한다. 아니스를 경험해보지 못한 신생아들은 그것을 아주 이상하게 받아들였고, 곧 겁을 먹거나 기분이 나빠졌다. 물론 아기들이 모든 냄새를 맡지는 못한다. 다만 몇 가지를 출생 뒤에도 기억할 뿐이다. 엄마 뱃속에서 이미 그 냄새에 익숙해졌기 때문이다. 따라서 엄마의 냄새도 어느 정도 기억한다. 갓 태어난 아기들이 엄마 품에 처음 안기면 따스하고 부드러운 느낌과 함께 편안함을 느낀다. 지난 아홉 달 동안의 엄마 냄새를 다시 찾은 것이다. 그러면 아기들은 마음이 놓여 금방 잠이 든다.

내가 반복해서 관찰하는 것이 있다. 신생아들은 사람의 모습을 아주 관심 있게 바라본다. 게다가 그 어떤 곳보다도 얼굴을 자주 본다. 이는 한 가지 특별한 점을 암시한다. 아기의 뇌에는 태어날 때부터 사람의 얼굴에 대한 구도가 '프로그램되어' 있다. 아기에 게 눈은 두 개의 동그란 점으로, 코는 세로선으로, 입은 가로선으로 입력되어 있다. 아기는 이런 구도와 동일한 것에는 긍정적으로 반응하는 반면에, 두 점과 선들을 다른 형태로 바꾸면 눈을 돌린다. 이런 행동으로 알 수 있는 것은 아기가 많은 가능성을 갖고 세상에 태어난다는 점이다. 다시 말해 배울 준비가 되어 있다. 아기는 많은 것들에 관심을 보인다. 주위를 두리번거리며 그때그때 물체나 움직임에 반응한다. 엄청난 정보를 시시각각으로 받아들인다. 이 모든 것이 학습의 중요한 전제 조건이다.

아기들이 세상에 태어나기 전에 제대로 볼 수 있는 것이라고는 엄마 뱃속에서 느끼는 몇 점의 빛이 전부다. 그러다가 세상에 태어나면서 비로소 사물을 제대로 접하기 시작한다. 성인에게 시각은 가장 중요한 감각이다. 따라서 시각이 발달하지 않았을 때의 기억은 거의 없다. 하지만 그런 시기는 분명 있었다.

아기는 출생과 함께 비로소 시각이 발달하기 시작한다. 세계는 엄청나게 다채롭고, 쉴 새 없이 움직인다. 눈앞에서 많은 일들이 벌어진다. 아기는 그것들을 일단 있는 그대로 받아들인다.

시각적 경험 없이 세계를 관찰한다는 것은 이미 어른이 되어버린 우리로서는 상상이 잘 안 된다. 우리가 주위를 둘러보는 것, 그러니까 시각적 경험을 한다는 것은 자잘한 화소로 이루어진 외부 상이 망막에 맺히고, 그것이 뇌로 전달되어 하나씩 그에 대한 판단이 이루어진다는 것을 의미하지 않는다. 무언가를 본다는 것은 이보다 훨씬 빨리 진행된다. 대상은 우리 뇌에 직접적으로 훅 들어온다. 우리는 그것을 이미 자주 보았기에 우리 앞에 있는 것이 무엇인지 순식간에 알아차린다. 예를 들면 이것은 의자, 저것은 테이블, 혹은 이것은 사람, 저것은 동물이라는 식이다. 오늘날 우리는 이 과정이 굉장히 빨리 진행되는 것을 안다. 이미 그런 식으로 수없이 인지해왔기 때문이다. 그렇지 않다면 시각적으로 그렇게 빠르게 세계에 대응해 나갈 수 없을 것이다.

시각적 경험이 없는 아기는 믿을 수 없을 만큼 많은 것들을 일단 볼 수밖에 없다. 그리고 일단 보이는 것은 그때그때 바로 저장된다. 이는 곧 굉장히 많은 것을 실시간으로 배운다는 뜻이다. 배움의 대상은 우리가 꼭 배워야 한다고 생각하는 사물에만 국한되지 않는다.

　세상에는 개와 고양이처럼 움직이는 것들이 있다. 또한 사라지지 않고 계속 존재하는 사물도 있다. 이런 사물들은 아기의 눈에 더욱 낯설게 비칠지 모른다. 사물에는 사람의 눈으로 관찰할 수 있는 특정한 촉각적 특성이 있다. 우둘투둘한 사물은 거울처럼 매끈한 사물과는 다르게 보이고 다르게 느껴진다. 또한 젖은 사물도 건조한 사물과 달라 보인다. 이렇듯 배울 것은 엄청나게 많다. 하지만 앞서 말했듯이 가장 중요한 것은 얼굴이다. 앞으로 타인과 지속적인 교류를 하며 살아가게 될 것이라는 점을 알기라도 하듯 아기는 태어날 때 벌써 얼굴 그 자체를 알아볼 수 있다. 일종의 안면 인식 모듈을 갖고 있는 셈이다.

　물론 아기의 뇌에 구체적으로 저장된 얼굴은 없다. 다만 '점, 점, 콤마, 선'이라는 얼굴의 보편적인 구도에 반응한다. 그러다가 나중에는 '얼굴 지형도' 작성을 담당하는 장치가 뇌 일부에 마련된다. 만일 어떤 이유로 어른에게서 이런 장치에 문제가 생기면 이 사람은 '점, 점, 콤마, 선'의 구도로만 보기에 더 이상 누군가의 얼굴을 개인별로 구분하지 못한다. 그런 구분이 가능한 것은 얼굴 지형도 때문이다.

우유보다 뇌과학

왜 유럽인들의 눈엔 모든 일본인이 똑같아 보일까?

얼굴을 구분하는 능력이 학습에 좌우된다는 것은 유럽인의 눈에 모든 일본인이 똑같아 보이는 현상을 통해 알 수 있다. 도대체 왜 그럴까? 그 이유는 우리가 익숙한 얼굴들, 예를 들어 삼촌이나 이모의 얼굴을 반복해서 봄으로써 둘 사이의 차이를 배워 나가기 때문이다. 지금껏 마주했던 모든 이들의 얼굴이 아름답게 분포되어 있는 가운데, 우리는 전체 면적을 최대한 활용해서 얼굴 지형도를 구축한다. 이때 우리가 그려온 얼굴 지형도와 완전히 다르게 생긴 사람을 만나면 우리는 그를 '다른 부류'로 인식한다. 눈이 갸름하고 얼굴선이 특이한 부류다. 이렇게 분류해 놓으면 일단 일본인은 모두 그 부류로 들어간다. 덧붙이자면 일본인의 입장에서도 똑같다. 그래서 평균적인 일본인의 눈에 모든 유럽인이 엇비슷해 보인다. 하지만 유럽인이든 일본인이든 같은 나라에 속한 사람끼리는 서로를 아주 명확하게 구분한다. 일본인은 아주 어린 나이부터 일본인만 보았고, 유럽인은 유럽인만 보았기 때문이다.

물론 이는 시간이 지나면 바뀔 수 있다. 일본이나 중국에 한동안 머물게 되면 그곳 사람들이 모두 똑같이 생긴 게 아니라는 것을 손쉽게 깨닫는다. 연구로 증명되었듯이 우리 뇌 속에는 얼굴 지형도에 대한 인식을 관장하는 영역도 폭넓게 마련되어 있다. 학습 과정을 통해서 말이다. 하지만 유럽인과 그들의 얼굴이 어딘지 특수하다는 감정은 계속 남아 있다. 어린 시절부터 각인되어 온 식별 능력은 자국민을 기준으로 한 강렬한 학습으로 얻어진 것이기 때문이다.

신생아에게는 순환 작용과 호흡, 그리고 어느 정도의 주의력 등 생존에 꼭 필요한 장치가 마련되어 있다. 이런 기능을 담당하는 기관은 뇌간(brain stem)으로, 척수의 맨 위쪽 부분이자 뇌의 맨 아래쪽 부분이다. 아기가 세상에 태어나면 뇌간에서는 이 모든 삶의 핵심 기능이 즉시 가동된다. 가끔 신생아가 싱긋 웃는 듯한 표정을 지을 때가 있는데, 이는 뇌간의 미소다. 감정 표현이 아니라 뇌간의 반사적 반응이라는 말이다. 뇌간의 미소는 얼굴을 보는 것과 관련이 있다. 물론 특정 사람의 얼굴이 아니라 전체적인 얼굴 구도를 보는 것이다. 얼굴의 의미는 꽤 짧은 시간에 습득된다. 하지만 사람과의 실제적인 관계 속에서 이루어지는 사회적 웃음은 그러고도 좀 더 시간이 지나야 가능하다. 그러려면 뇌간이 좀 더 발달해야 한다. 이와 관련해서는 뇌 피질(cerebrocortex)의 역할이 중요하다.

갑자기 욕망이 생긴다

우리는 보통 스스로의 호흡과 심장 박동을 의식하면서 살지는 않는다. 통제 없이 자동으로 이루어지는 일이기 때문이다. 물론 언제든 원하기만 하면 숨을 잠시 멈출 수는 있다. 이런 행위는 높은 단계의 뇌 기능에 의해 이루어진다. 반면에 아기들은 아직 무언가를 욕망하지 못한다. 그저 자동으로 진행되는 것에 내맡겨져 있을 뿐이다. 주의력도 마찬가지다. 우리는 어떤 대상에 의식적으로 주의를 기울일 수 있지만 아기는 그렇지 않다. 자신에게 흘러들어오는 자극에 반사적으로 관심을 보일 뿐이다. 그것이 반복되면 뇌간과 특정 메커니즘에 의해 통제되는 주의력이 생긴다.

엄마는 이를 아주 반갑게 받아들인다. 품에 안은 아기가 자신의 웃음에 미소로 답하는 것을 보면서 벅찬 감정을 느끼지 않을 엄마가 어디 있겠는가! 게다가 아기는 줄곧 엄마만 바라보고 있다. 그런데 말이다. 사실 아기 입장에서는 엄마를 계속 바라보는 것 말고는 할 수 있는 게 없어서 그러는 거라면, 다시 말해 아기의 주의력이 아직 발달하지 못해서 그런 거라면 어떨까….

아기가 무언가에 관심을 기울이다가 다른 데로 관심을 돌리는 능력은 태어난 지 4~5개월 때부터 생겨난다. 말하자면 주의력

전환 능력인데 이를 위해서는 뇌간만으로는 부족하고 좀 더 높은 차원의 뇌 영역이 필요하다. 주의력 전환 능력이 아직 부족한 아기를 안은 엄마는 자신을 가만히 응시하는 아기가 자신을 무척 사랑하는 것 같은 인상을 받는다. 이런 느낌은 아주 중요하다. 왜냐하면 대체로 이 시기의 부모들은 밤중에 젖먹이에게 시달리는 일이 많고, 힘든 육아 과정 속에서 신경이 무척 날카로워져 있기 때문이다. 어쩌면 이런 아기의 발달 결핍 상태가 스스로의 생명을 영위하기 위한 극적인 장치인지도 모른다. 부모의 입장에서 너무도 지치고 힘들어 모든 것을 그만두고 싶을 때도 아기가 너무도 달콤한 미소를 지으면 차마 그럴 수가 없다.

이 시기, 그러니까 태어나서부터 첫 3개월 사이의 젖먹이는 어떻게 그리 많은 것을 배우고, 받아들일 수 있을까? 아기들은 태어날 때 벌써 신경세포를 갖고 있다. 그 수가 무려 수십억 개에 이른다. 참으로 실용적인 설계다. 태어난 지 3개월 정도의 시간 동안 신경세포 간의 연결은 기하급수적으로 늘어나기 시작한다. 우리는 이를 '개화(開花)'라고 부른다. 이는 곧 아기가 첫 3개월 동안 엄청나게 많은 연결점을 만들어내고, 그와 함께 새로운 관련성을 생성한다는 것을 의미한다. 그것을 토대로 아기에게는 세상 모든 것을 배울 가능성이 생긴다.

아기에게 학습을 가능하게 하는 전제 조건은 신경의 연결에 달려 있다. 배운다는 것은 결국 신경의 연결 구조가 바뀐다는 의미다. 신경 연결망이 학습 과정을 통해 변하면 뇌에 일련의 흔적, 즉 통로가 생긴다. 그건 곧 특정 자극이 특정 신경 연결망으로 지나가고, 그를 통해 연결망이 강화된다는 것을 의미한다. 어떤 자극이 어떤 신경 연결망을 선택할지는 아이의 경험에 달려 있다. 예를 들어 아이가 일상적으로 초록색 나무를 보는지, 아니면 사막이나 얼음, 다른 무언가를 보는지에 따라서 좌우된다는 말이다. 보는 것은 경험이다. 따라서 이런저런 자극은 이런저런 신경세포 연결망을 지나간다. 신경세포 연결망은 자극이 지나다님으로써 강화된다. 이때 강화된 연결망이 곧 학습이다. 우리가 뇌를 사용할 때마다 학습 내용이 바뀐다. 아기의 경우는 그 과정이 특히 빠르다. 뇌를 사용하면서 시냅스(synapse)의 접합 강도가 아주 빨리 바뀌고, 그로써 앞서 언급한 것처럼 뇌에 통로가 생긴다.

뇌의 통로는 무척 흥미롭다. 누군가 걸어가면 작은 흔적이 남는 해변 길보다 더욱 흥미롭고 역동적이다. 원시림을 떠올려 보라. 나무와 덤불이 무성한 숲에 갑자기 코끼리 한 마리가 나타나

덤불을 뚫고 걸어간다. 그렇게 밟아서 다져진 곳에 오솔길이 생긴다. 다음 코끼리는 그 길을 통해 울창한 정글을 힘들이지 않고 지나갈 수 있다. 흔적이 갑자기 통로가 된 것이다. 우리 뇌에서는 온갖 자극들이 두 신경세포 사이의 접속 부위인 시냅스를 지나간다. 그로써 작은 길이 생긴다. 심리학자들은 오래전부터 이것을 '기억 흔적(engram)'이라 불렀고, 신경학자들은 자극을 통해 흔적이 남는다는 사실을 증명했다.

흔적을 찾아서

아기의 머릿속에서 신경망이 무성해지는 것은 왜 중요할까? 간단하다. 이번에도 원시림을 떠올려 보라. 나무와 덤불이 우거지지 않은 숲에서는 흔적이 생길 수 없다. 흔적이 생기려면 빽빽한 덤불이 있어야 한다. 우리의 뇌도 마찬가지다. 흔적이 생기려면 수많은 시냅스가 필요하다. 이 흔적들, 그러니까 다져진 길은 계속 유지된다. 불필요하고 사용되지 않는 시냅스는 나중에 적극적으로 제거된다. 그저 수동적으로 길이만 짧아지는 것이 아니라 굉장히 능동적으로 해체된다. 일단 흔적이 생기면 사용되지 않는 시냅스는 거추장스럽다. 게다가 우리 뇌의 신경세포는 외부 세계가 아니라 다른 신경세포로부터 자극을 받는다. 이제 세포들은 머릿속에 아무렇게나 널브러져 있지 않고 특정 방식으로 조직화된다.

얼굴을 담당하는 특정 세포가 있다는 것은 이미 알려져 있다. 또한 소리를 담당하는 세포도 있고, 냄새나 공간을 담당하는 세포도 있다. 이것들은 처음부터 갖추어져 있다. 우리 뇌는 배울 준비가 되어 있고, 특정한 무엇을 받아들일 준비를 하고 세상에 나온다. 그런데 태어날 때 제대로 기능을 수행하는 것은 뇌 전체로 볼 때 극소수에 해당하는 영역뿐이다. 그중 하나가 바로 뇌간인데 그곳이 호흡과 심장 박동 및 주의력을 관장하기 때문이다. 그러다 시간이 지나면서 뇌 피질이 크게 발달한다. 물론 처음에는 뇌 피질을 하나의 기관이라고 명확하게 말하기 곤란하다. 접혀 있는 상태이기 때문이다. 예를 들어 숄을 돌돌 말아 놓았다고 생각해 보라. 그러면 그게 무슨 물건이지 한눈에 들어오지는 않는다. 펼쳐놓고 봐야 비로소 그게 이차원의 물건이라는 것이 드러난다. 우리의 뇌 피질도 그와 비슷하게 상상하면 된다.

뇌 피질 속 위계질서

　뇌 피질은 약 5밀리미터 두께의 층으로 이루어져 있고, 그 속에는 수많은 신경세포가 있다. 피질의 주름을 펼치면 면적은 0.25제곱미터쯤 된다. 길이로 따지면 '50 × 50센티미터'다. 뇌 피질은 자잘한 개별 영역으로 나누어져 있고, 각 영역들이 담당하는 일은 다르다. 아기가 세상에 태어나면 아주 단순한 일을 취급하는 영역부터 바로 활동하기 시작한다. 이건 아주 중요하다. 이 영역들은 외부 세계와 직접 맞닿아 있기 때문이다. 시각적 인상, 청각적 인상, 촉각적 인상을 비롯해 수많은 것들이 젖먹이에게 흘러들어온다는 말이다. 이렇게 들어온 인상은 중간 정거장을 거쳐 뇌 피질에 모인다. 그와 함께 경험에 따라 특정한 일을 담당하는 특정 신경세포가 생겨난다. 예를 들면 저음, 고음, 중간 정도의 소리, 망막의 특수 영역, 가장자리, 왼쪽 가장자리, 오른쪽 가장자리, 위아래를 담당하는 세포들이다. 나중에는 특정 공간을 관장하는 세포도 생기고, 무늬와 색을 담당하는 세포도 생긴다. 처음에는 이런 영역들이 깨어난다. 그래서 시냅스가 특히 강렬하게 싹트는 곳도 바로 이런 영역들이다. 뇌 속에 흔적이 생기려면 일단 울창한 덤불숲이 필요하기 때문이다.

뇌는 특정 방식으로 세상에 나오고, 그 방식에 맞게 뇌 속에 선이 깔린다. 이를 '배선(wiring)'이라고 한다. 물론 케이블 같은 것이 새로 만들어진다는 뜻은 아니다. 이것은 통로다. 그것도 신경통로다. 이 통로들은 외부에서 자극을 받는 단순한 영역에서 시작해서 다음, 또 다음 영역으로 이어진다. 하지만 처음에는 연결이 제대로 이루어지지 않는다. 통로들의 기능이 시원찮기 때문이다. 그럼에도 선은 계속 깔린다. 그러다 나중에 스위치가 켜지는 다음 영역은 그전의 단순한 영역에서 받은 신호를 음절 형태로 말하고, 또 그다음 영역은 이 음절들로 단어를 조합하거나, 아니면 단어들로 문장을 만들어 나간다. 이런 식으로 계속 가다 보면 의미가 생겨나고, 마지막에는 하나의 이야기를 이해할 수 있게 된다.

뇌 피질 영역에는 일종의 위계질서가 존재한다. 중요한 것은 이런 위계질서가 출생 뒤에야 발달한다는 사실이다. 이런 상상을 해보자. 당신은 생전 처음으로 중국이라는 나라에 간다. 중국어는 굉장히 복잡해서 당신은 아무것도 알아듣지 못한다. 당신에게 필요한 것은 아주 간단한 것부터 설명해주는 선생이다. 이 선생은 중국어에 어떤 소리가 있는지, 그리고 나중에는 어떤 음절과 낱말이 있는지 설명해줄 수 있다. 그런데 그런 선생이 없다고 가정해보라. 당신은 어떻게 중국어를 배우겠는가? 모든 중국인은 이미 중국어를 배웠다. 그것도 상당히 빨리 배웠다. 이유가 뭘까? 방금 위에서 설명한 방식으로 돌아가는 뇌 덕분이다. 발달한 뇌가 선생을 대체한 것이다. 아기의 뇌는 초기에 단순한 것만 배울 수밖에 없다. 단순한 영역에만 불이 켜져 있기 때문이다. 그러다 점점 복잡한 영역이 차례로 연결되고, 귀로 들리는 것 중에서 일정 수준의 복잡한 것들을 추출한다. 그로써 복잡성의 등급을 배운다. 그런 뒤에는 다음 영역이 잇따르고, 다시 귓속으로 들어오는 것 중에서 좀 더 복잡한 것을 추출한다. 이렇듯 복잡성의 층은 차곡차곡 쌓이고, 이런 식의 뇌 발달이 선생을 대체한다.

발달 이정표

생후 첫 3개월간의 특징은 무엇보다 감각이 발달하고 움직임이 조절된다는 점이다. 이 과정에서는 주로 뇌간이 관여한다. 출생 직후 아기의 세계는 자신과 관계하는 사람들, 그중에서도 특히 엄마와의 접촉으로 이루어진다. 신생아는 엄마의 부드러운 목소리를 듣고, 손끝의 부드러운 감촉을 느끼고, 엄마의 젖을 빨면서 지난 수개월의 친숙한 냄새를 맡는다. 물론 아직은 아기에게 낯설기 그지없고, 쉽게 장애가 생기는 작은 세계다. 어떤 불쾌한 느낌이 들면 아기는 소리쳐 우는 것으로 표현한다. 얼마 지나지 않아 아기는 인간 얼굴의 구조를 알아본다. 눈, 코, 입 같은 것들이다. 그러다 8~10주부터 선명하게 보기 시작하고, 이어 사물에 시선을 고정하고 눈으로 쫓아가는 일이 가능해진다.

사실 이 시기의 아기는 보는 것 자체도 배워야 한다. 눈이 아니라 뇌로 말이다. 신생아의 세계에는 아직 의미 있는 것이 없다. 나무를 보지만, 나무가 무엇인지 모른다. 의자를 보지만, 그게 의자인지 모른다. 그저 구조만 볼 뿐이다. 수직인지, 수평인지, 휘었는지, 높은지, 낮은지, 환한지, 어두운지, 색깔이 있는지만 본다. 이런 구조나 무늬가 무엇을 의미하는지, 나무나 의자가 무엇인지는 아직 알지 못한다. 말 그대로 이 세계에 대한 그림만 갖고 있다. 그러다 8주쯤부터 중력을 이겨내기 시작한다. 혼자 힘으로 고개를 들고 점점 더 오래 버티는 것이다. 아울러 꽉 쥐고 있던 손의 반사 작용이 풀리면서 이제 손바닥을 펴고 물건을 잡기 시작한다. 이 시기에는 처음으로 간단한 소리를 내고, 그 횟수도 울음소리보다 점점 잦아진다. 아이가 점점 더 자주 짓는 웃음과 함께 이러한 간단한 '아'나 '앵' 같은 소리는 부모에게 커다란 즐거움을 안겨준다. 한 주 한 주 지날 때마다 아기는 정말 눈에 띄게 변하고, 이런 변화는 젊은 부부의 삶에 활력을 불어넣는다. 특히 엄마는 아기가 2~3개월쯤부터 밤중에 깨지 않고 좀 더 오래 잔다는 것을 뚜렷이 느낀다.

우유보다 뇌과학

세상을 발견하다
_ 4~6개월

생후 4~6개월은 새로운 가능성과 능력이 성큼 자라는 시기다. 뇌 발달도 당연히 진전된다. 이 시기의 가장 중요한 특징은 아기가 구조를 알아본다는 것이다. 예를 들어 아기는 자기 이름을 자주 듣는다. 물론 그게 자기 이름인지는 모르고 그냥 연속음의 형태로 듣는다. 자주 들었던 단어가 나오면 아기는 그게 설사 긴 문장에 속해 있더라도 그 지점에서 귀를 기울인다. 특정 단어를 알아차린 것이다. 기억, 즉 알아차리고 간직하는 능력이 생긴 것이다. 사람은 경험한 것을 안다. 이게 가능한 것은 생후 4~6개월 시기에 하나의 구조, 즉 해마(hippocampus)가 우리 뇌의 깊숙한 곳에서 발달하기 때문이다.

해마는 기억 형성에 굉장히 중요한데, 해마가 가장 많이 자라는 시기는 4~6개월이다. 이는 아기가 이 시기에 무언가를 알아차리기 시작하는 것과 관련이 있어 보인다. 알아차린다는 것은 학습에 중요한 요소다. 예를 들어 여섯 장의 고양이 그림을 차례로 보여주면 아기는 첫 그림을 주의 깊게 바라본다. 그러다 두 번째, 세 번째 그림에서는 주의력이 떨어지고, 네 번째 그림에서는 본 것을 확실히 알아차리면서 더는 주의 깊게 보지 않는다. 그러다 마지막 그림에서는 그냥 잠들어 버린다. 이제 관심을 잃은 것이다. 이때 개 그림을 보여주면 다시 깨어나 호기심 어린 눈으로 바라본다. 무언가가 고양이와 다르게 생긴 것을 알아차린 것이다. 오늘날 우리는 이 시기의 아기에게 아주 초보적인 분별력이 있음을 안다. 다시 말해 고양이는 머리가 둥글고, 개는 머리가 길쭉하다는 것을 구분한다.

언어도 마찬가지다. 아기는 주변에서 사람들이 하는 말을 듣는다. 게다가 사람들이 말할 때 움직이는 입술에 대해 머릿속에 나름의 그림도 갖고 있다. 아기는 늘 듣는 언어를 알아차릴 뿐 아니라 한 번도 듣지 못한 외국어와 구분할 수도 있다. 언어의 차이를 아는 것이다. 이론적인 보기를 하나 들어보겠다. 아기가 텔레비전에서 자신이 아는 말을 하는 사람을 보면 입술 움직임도 함께 본다. 그런데 이 입술이 갑자기 다른 언어를 말하면, 이 언어에 대해 아는 것이 없음에도 자신이 아는 언어만큼 관심을 보이지 않는다. 입술 움직임에서 무언가 다르다는 것을 눈치 챈 것이다. 여기서도 명확해진다. 아기는 언어를 구분할 줄 안다. 또한 자신이 보고 들은 것을 조합해서 판단하는 법을 스스로 배워나간다. 그 조합이 잘 맞아떨어지면 관심을 보이지만, 그렇지 않으면 관심을 보이지 않는다. 이는 4~6개월 사이에 벌써 나타나는 현상으로서 아기가 어떻게 배우는지에 대한 또 다른 좋은 단서다.

아기의 뇌는 밤중에 많은 일을 한다

해마는 뇌 피질과 달리 주로 개별 내용을 저장하고 불러내는 일을 한다. 그러니까 그린란드의 가장 높은 산이나 나이지리아 국민총생산량 같은 정보가 여기에 보관된다. 당신이 이런 정보를 기억할 수 있는 것은 해마 덕분이다. 그런데 이 정보는 늘 해마에만 보관되어 있는 것이 아니다. 시간이 지나면, 특히 밤중에는 해마가 자신의 정보를 뇌 피질에 슬쩍 건네준다. 수술로 해마를 떼

어내도 우리가 습득한 것을 아직 기억할 수 있는 것은 이 덕분이다. 정보가 해마에서 대뇌피질로 옮겨져 있다는 말이다.

아기는 한꺼번에 갑자기 많은 것을 배우기 때문에 처리할 것이 많다. 정보 처리는 수면 중에 일어난다. 어른이든 아기든 잔다고 해서 그냥 쉬는 것이 아니다. 다만 그럴 거라고 생각할 뿐이다. 뇌는 잠시도 쉬지 않는다. 수면 중에 뇌는 정리를 한다. 낮에 배운 것을 평가하고 분류한다. 또한 정보를 검증하고, 다른 식으로 프로그램하고, 저장하고, 새로 조합하고, 감정과 연결시킨다. 아기가 그렇게 많이 자는 것도 낮에 배우는 것이 무척 많기 때문이다. 낮에 배운 것은 무엇이건 자는 동안에 다시 뇌 속 검색대를 통과한다. 사람이 늙으면 잠을 적게 자는 것도 배우는 것이 많지 않기 때문이다.

발달 이정표

생후 4개월 초가 되면 '전전두엽 피질(prefrontal area)'이라고도 불리는 대뇌가 계통사적으로 좀 더 먼저 생긴 뇌간에 영향력을 행사하기 시작한다. 이는 아기가 신경질을 부리듯 우는 시간이 점점 줄어드는 것을 보면 알 수 있다. 이 무렵 아기가 하루에 우는 시간은 평균 세 시간에서 한 시간으로 감소한다. 의도적이고 의식적인 인간 행위는 나중에 대뇌피질에서 출발한다. 그렇다면 아기의 깨어 있는 시간이 늘고 주의력이 높아지는 현상은 대뇌피질의 활동성과 관련이 있다. 아기는 주변 환경을 유심히 관찰하기 시작한다. 고개를 좌우로 돌리고 타인의 움직임을 눈으로 쫓아간다. 주변 세계에 대한 아기의 관심은 점차 증가한다. 후두는 인두에서 좀 더 아래쪽으로 내려간다. 아기는 말을 하기 위한 예비 단계로 목구멍에서 가르랑거리는 소리를 내며 연습한다. 많은 아기들이 이제 제대로 소리 내어 웃기 시작한다.

낯선 사람에 대한 불안
_ 7~9개월

7~9개월 사이에는 아주 특별한 일이 일어난다. 이 시기에는 신경세포 연결 부위인 시냅스가 엄청나게 늘어나는 것을 관찰할 수 있다. 앞서 우리는 이것을 '개화'라고 불렀다. 이는 외부에서 들어온 인상들의 엄청난 증가가 뇌에 불러일으킨 결과이기도 하다. 그런데 이 시기에는 다른 현상도 관찰된다. 신경 연결점들의 증가가 완전히 멈추는 순간이 오는 것이다. 아니, 심지어 연결점들이 서서히 줄어드는 현상이 목격된다. 어떻게 해석해야 할까? 아기의 학습이 이제 끝난 것일까? 아니다. 그 반대다. 이는 정말 중요한 연결점들을 강화하고, 없어도 되는 연결점들을 제거하는

과정이다. 불필요한 것들을 없앰으로써 아기의 발달에 꼭 필요한 요소들이 더 많은 일을 할 수 있게 한다. 이는 아기의 학습 과정에 더없이 중요한 단계다.

달리 설명하면 이렇다. 원시림에 꽃이 피고, 수풀과 나무가 무성히 자란다. 이어 흔적이 생긴다. 누군가 숲을 지나다님으로써 원시림 안에 오솔길이 만들어진 것이다. 우리 뇌 속의 야생 지대에도 뇌를 사용함으로써 길이 생긴다. 이 오솔길은 곧 우리의 경험이다. 우리는 다음 단계의 학습을 좀 더 쉽게 받아들이고, 그것에 좀 더 잘 대응하기 위해 이 길들을 이용한다. 이러한 준비 단계는 여러모로 좋다. 다음에 일어날 것을 미리 알고 있다면 그 일이 실제로 닥쳤을 때 한층 더 빠르게 최상으로 대응할 수 있기 때문이다.

만일 세계에 대해 아주 많은 것을 알고 있다면 우리는 원칙적으로 세계가 어떻게 돌아가는지 안다. 그건 아기도 마찬가지다. 세상의 원리를 짐작한다면 다음에 올 일을 미리 짐작하는 셈이다. 다음에 일어날 일을 사전에 준비할 수 있다면 우리는 남들보다 더 민첩하고, 더 빠르고, 더 올바르고, 더 정확하고, 더 나을 수 있다. 우리가 살아남을 수 있는 것도 그 덕분이다. 뇌는 그저 스스로 할 수 있는 온갖 일을 하기 위해 존재하는 것이 아니라 우리의 생존을 위해 존재한다. 진화사적으로 보면 생존을 보장하는 것은 도주와 투쟁이다. 이런 측면에서 우리 뇌는 주변에서 일어나는 일들을 유의해서 받아들일 수밖에 없다. 우리가 좀 더 완벽하게 세계를 헤쳐나가려면 그런 선(先) 경험을 그저 반사적으로 이용하는 것이 아니라 방금 일어난 일과 연계해서 이용한다. 아기는 바로 그 점을 일찍이, 그러니까 생후 1년 동안에 배운다.

7~9개월의 시기에는 뇌의 가장 앞부분, 그러니까 전두엽이 해마와 함께 기억을 처리하는 일을 담당한다. 특히 기억이 그때그때 현재 순간에 사용될 수 있도록 조종한다. 이렇게 현재 순간에 사용되는 기억을 우리는 '작업 기억(working memory)'이라 부른다. 이제 아기가 기억으로 갖고 있던 것들, 그러니까 이미 배웠던 것들이 조합된다. 아기 앞에 불쑥 나타난 과제를 해결하기 위해서다. 기억 앞에 '작업'이라는 말이 붙은 것도 그 때문이다. 이 기억의 여파로 나타나는 현상이 낯선 사람에 대한 불안이다.

예를 들어 보자. 아기는 할머니를 볼 때마다 늘 반갑게 맞으며 친근하게 웃는다. 그런데 갑자기 할머니가 몇 주 동안 보이지 않다가 다시 나타나면 아기는 할머니를 보고 울기 시작한다. 퍽 곤혹스런 상황이다. 이런 상황이 생기는 이유는 이렇다. 아기는 작업 기억에 근거해 자기가 아는 사람이 올 거라고 기대한다. 몇

우유보다 뇌과학

주 동안 보이지 않던 할머니는 더 이상 아는 얼굴이 아니다. 아기에게 이는 아주 낯선 경험이자, 새로운 무엇이다. 아는 사람이 아니라 모르는 사람이 나타난 것은 아기의 기대에 어긋난다. 그래서 아기는 불안해하면서 울기 시작한다. 지극히 자연스러운 현상이다.

엄마의 경우도 마찬가지다. 엄마가 갑자기 사라져도 비슷한 일이 생긴다. 엄마는 아기에게 늘 곁에 있는 존재다. 그런데 이제 엄마 없는 상황이 아이에게 일어난다. 엄마가 보이지 않는다. 엄마가 아기와 떨어진 것이다. 이것도 새로운 상황이다. 아기는 불안해한다. 어쩌면 울 수도 있다. 그런데 사실 큰 그림으로 보면 이런 고통스런 경험은 아기의 인지 발달에 자못 중요하다.

문법을 감지하는 아기

이 시기의 인지 발달은 언어 능력에서 나타난다. 아기는 처음에 소리를 배운다. 그러다 음절을 배우고, 7개월부터는 문법을 알기 시작한다. 그렇다, 정말 문법이다. 이렇게 말하면 대번에 이런 의문이 들 것이다. 아직 말도 못하는 아기가 문법을 안다고? 그걸 당신들이 어떻게 아느냐고? 이 역시 실험으로 밝혀졌다. 아기가 엄마 무릎에 앉아 있다. 생후 7개월이다. 아이에게 두 개의 스피커로 세 마디 문장을 차례로 들려준다. 의미 없는 한 음절의 단어 세 개로 이루어진 문장이다. 예를 들어 한 스피커에서 "라, 리, 라"가 나온다. 아이는 고개를 돌려 그 소리가 나오는 스피커에 주의를 기울인다. 아기에겐 뭔가 새롭고 신기한 것이 분명하다.

방 안에서는 그 밖의 다른 일은 일어나지 않기에 아기는 세 마디 문장에 관심을 보인다. 이어 두 번째 스피커에서 "부, 페, 부" 소리가 나온다. 아기는 이제 그쪽으로 고개를 돌려 소리가 나오는 스피커를 바라본다. 그 후 다른 문장들이 차례로 이어진다. "미, 마, 미", "부, 보, 부" 등이다. 아이는 그때마다 스피커로 고개를 돌린다. 이것이 반복되자 아기는 지루한 기색을 보인다. 전문용어로 '습관화된' 것이다.

그렇다면 아기를 지루하지 않게 하려면 어떻게 해야 할까? 실험자들은 여러 방법을 동원했다. 예를 들어 "그로, 그라, 그로" 같은 새로운 음절의 문장을 시도했다. 아기는 여전히 지루해했다. 그래서 스피커에서 나오는 목소리를 남성에서 여성으로 바꾸어 "라, 리, 라"를 말해 보았다. 이번에도 거의 반응이 없었다.

아기가 스피커 쪽으로 고개를 돌려 다시 강렬하게 관심을 보인 것은 오직 한 가지 조건뿐이었다. 어떤 스피커든 상관없이 한 스피커에서 갑자기 "라, 라, 리"라는 문장이 흘러나왔을 때다. 그것은 아기에게 새로운 것이었다. 왜? 이 문장은 문법 구조가 달랐기 때문이다. 이전 문장들의 구조는 모두 'A, B, A'로 동일했다. 즉 같은 음절, 다른 음절, 그리고 다시 첫 번째와 같은 음절이 나오는 구조였다. 그런데 "라, 라, 리"는 문장 구조가 달랐다. 'A, A, B'였다.

생후 7개월이 된 아기는 아주 어린데도 개별 경험으로 문법 구조를 이해하고, 그것을 새로 들은 문장들과 비교하면서 기억한다. 이런 식이다. "아, 이건 내가 아는 거야." 또는 "이건 새로운 구조야. 주의를 기울여야겠어." 이것이 뜻하는 바는 이렇다. 생후 7개월 무렵의 아기는 일차적으로 개별 단어에 주의를 기울이는 것이 아니라 이 말들의 일반적 구조, 즉 문법에 관심을 보인다는 것이다. 우리는 문법 규칙이 굉장히 복잡한데도 분명 문법을 이해하고 사용할 수 있다. 만일 독일어를 모국어로 쓰는 아기라면 여섯 살짜리도 문법적 실수 없이 독일어를 말한다. 열여섯 살 청소년과는 다른 문제로 대화가 잘 풀리지 않을 수 있으나, 여섯 살 아이와는 대개 원만하게 대화를 나눌 수 있다. 결국 학교에서 문법을 따로 배우지 않아도 인간에게는 스스로 문법 규칙을 이해하고 응용할 능력이 있다.

정리하자면 아기는 무척 이른 시기부터 소리와 단어만 배우는 것이 아니라 문법도 배운다. 불과 생후 1년 사이에 말이다!

생각에 감정이 더해지다

아기는 생각과 인지적 내용만 배우는 것이 아니다. 감정과 그에 대한 대응, 세계와의 관계 맺기도 당연히 배운다. 예를 들어 내가 불안해해야 하는지, 또는 용기를 내야 하는지를 배우게 되는데, 이때 본보기가 중요하다. 아기는 흉내 내기를 통해서 감정을 배우기 때문이다. 감정의 이러한 모방, 즉 주위에서 벌어지는 갖가지 감정에 흠뻑 빠지는 것은 모국어에 푹 빠지는 것만큼이나 결정적인 요소다. 타인의 감정에 빠지고, 그것을 지속적으로 경험함으로써 아기는 감정을 배운다. 그와 동시에 뇌가 발달한다. 그 때문에 이미 알고 있는 단순한 것들을 토대로 점점 더 복잡한 것들을 학습한다.

이 역시 뇌 발달과 연결되어 있다. 뇌 속에서는 새로운 지점들

우유보다 뇌과학

에 불이 들어오고, 새로운 영역이 추가된다. 신경 연결망이 그것을 허용하기 때문이다. 물론 이것들은 이전에도 존재했지만, 그때는 아직 충분히 성숙하지 못한 상태였다. 그러다 특정 국면에서 갑자기 새로운 가능성들이 생겨난다.

불안으로 다시 돌아가 보자. 불안도 이와 아주 비슷하다. 당연히 불안도 일찍부터 존재했다. 하지만 새로운 뇌 부분을 통해 다른 식으로 발달하는데, 이 뇌 부분은 연결점들이 '자리를 잡자마자' 켜지면서 정보를 처리하고, 아기의 경험에 개입한다.

이것과 연결된 사실이 있다. 아몬드와 비슷하게 생겼다고 해서 '편도체(amygdala)'라 불리는 뇌구조에 이제 불이 들어온다는 사실이다. 해마에 붙어 있는 편도체는 감정 처리, 즉 정서적 영역의 정보 처리에 아주 중요하다. 이는 곧 편도체가 불안을 일으키는 수많은 기능을 갖고 있다는 뜻이다. 그중에서 특히 중요한 것은 낯선 사람에 대한 불안과 분리 불안이다. 물론 그렇다고 감성적 영역이 그전에는 아무 역할을 하지 않았다는 뜻이 아니다. 다만 이제야 감정이 아기의 행동과 세계에 대한 이해 과정에 깊숙이 깃들기 시작한다는 말이다.

이 시기에 눈에 띄는 또 다른 변화는 시야의 확대다. 아이는 이제 조금씩 몸을 움직이게 되면서 좀 더 넓은 세계를 파악한다. 그 사이 기어다니게 된 것이다. 그와 함께 여기저기를 호기심 어린 눈으로 구경하고 탐사하면서 많은 새로운 경험을 쌓는다. 기어다닐 수 있는 것은 뇌의 통제 아래 근육의 운동 시스템이 발달했기 때문이다. 이제 팔다리를 비롯해 신체 각 부분이 좀 더 유연해진다. 이는 주변 세계를 파악하기 위한 중요한 발걸음이다.

운동 시스템 속의 흔적

말은 어미 몸에서 나오면 바로 일어나 몸을 몇 번 털고 걷기 시작한다. 태어날 때 이미 걷기 프로그램이 작동하는 게 분명하다. 그래서 엔진처럼 시동만 걸어 주면 되고, 걷는 것을 따로 배울 필요는 없다. 말은 다리가 네 개다. 다리가 넷이면 서는 데 문제가 없다. 생각해보라. 다리가 넷인 탁자는 넘어지지 않는다. 반면에 다리가 둘인 탁자는 잘 쓰러진다. 인간도 다리가 두 개다. 그래서 걷는 걸 배워야 한다. 두 다리로 균형을 잡는 것은 어려운 일이기 때문이다. 처음에는 혼자서 서지도 못한다. 그렇다면 아기들은 어떻게 걸음마를 배울까? 의자 다리나 책상 다리, 소파 같은 것을 붙잡고 일어난다. 물론 일어서다가 쿵 하고 엉덩방아를 찧는다.

우유보다 뇌과학

아기는 그것을 기억하지 못한다. 다시 말해 어제 소파를 잡고 일어나다가 왼쪽으로 엉덩방아를 찧은 일을 기억하지 못한다. 대신 완전히 다른 무언가를 기억한다. 엉덩방아를 찧을 때마다 어떻게 잡고 일어나야 하는지를 조금씩 배우는 것이다. 그것이 반복되면 흔적이 생긴다. 운동 시스템 속의 흔적이다. 이 흔적 덕분에 아기는 중력에 맞서 버티고 일어나 두 다리로 균형을 잡고 선다.

8개월 또는 10개월 된 아기가 몇 주 만에 걸음마를 배우는 것은 정말 대단한 일이다. 보통 그 과정은 좌절의 연속이다. 몇 주 동안 줄곧 무언가를 붙잡고 일어나다가 다시 주저앉고, 또 일어나다가 주저앉는 과정의 반복이다. 그런데도 아기는 굴하지 않는다. 실패에 굴하지 않는 도전 정신이 무엇인지 보고 싶다면 열 달 된 아기가 혼자 걸음마 배우는 것을 보면 된다. 아기는 지치지 않고 시도한다. 실패도 아기를 막지 못한다. 부모가 아기 뒤에 서서 "자, 힘내. 걸을 수 있어" 하고 말할 필요도 없다. 아기는 혼자 알아서 걷는 것을 배우니 말이다.

그렇다면 아기는 어떻게 걷는 걸 배울까? 답은 분명하다. 구체적인 동작 하나하나를 배우는 것이 아니라 직접적인 시도를 통해 두 발로 균형을 잡고 걷는 일반적인 원리를 배운다. 사실 인간이라면 누구나 그런 식으로 걷는 법을 배운다. 시도하고 또 시도하고, 넘어지고 또 넘어지면서 말이다. 학습에서는 바로 이 점이 중요하다. 사람은 개별적인 것을 배우는 것이 아니라 구체적인 시도를 통해 일반적인 것을 배운다. 언어도 마찬가지다. 말하는 것역시 걷는 것과 비슷한 과정을 거친다. 나중에는 어떤 행동을 해야 하고, 타인과 어떻게 관계를 맺어야 하는지도 그런 식으로 배운다. 다시 말해 우리는 행위와 움직임, 감정, 언어 같은 것들에 직접 풍덩 뛰어들어서 배운다. 이를 통해 아기의 뇌에서는 올바른 흔적이 생겨나고, 그 흔적들을 통해 아이는 이성적인 어른으로 성장한다.

발달 이정표

아기들은 생후 7개월쯤 되면 주변을 기어다니며 탐사할 수 있을 만큼 근육이 발달한다. 그러다 8개월이 되면 다른 사람의 행동을 따라 하기 시작한다. 이때 모방을 통한 학습, 그러니까 주변어른이 하는 것을 흉내 내면서 배우는 것보다 자신의 경험에서 배우는 것이 훨씬 많다. 약 8개월 무렵에는 작업 기억이 활동을 개시하면서 기억이 현재와 융합된다. 그래서 아기는 이제 얼굴을 가렸다가 다시 내보이는 까꿍 놀이에 반응한다. 지금 눈에 보이지 않는다고 해서 그전에 보았던 것을 잊어버리지는 않는 것이다. 예를 들어 아빠나 엄마가 장난으로 이불 밑에 인형을 숨기면 아기는 지금은 보이지 않지만 이불 밑에 인형이 있음을 안다. 몇 주 전까지만 해도 아기는 이 놀이를 이해하지 못했다. 작업 기억이 작동하기 전이었기 때문이다.

생애 첫걸음, 생애 첫마디
_ 10~12개월

이제 10~12개월로 넘어가 보자. 이 나이가 되면 아기의 세계상은 한층 넓어진다. 아이는 걷기 시작하고, 언제 어디든 혼자 힘으로 움직일 수 있다. 이는 아기의 육체적·인지적·정서적 발달에 결정적인 영향을 끼친다. '나'라는 좁은 틀에서 나와 '인간'이라는 사회적 틀로 들어간다는 말이다. 아기는 이제 다른 사람들에게 주목하기 시작하고, 남들에 둘러싸이고, 한 집단과 중점적으로 관계를 맺고, 한 집단의 일원이 되고, 이 집단에 영향을 받는다.

그에 대한 전형적인 보기가 부엌이다. 이 연령대의 아기에겐 부엌만큼 좋은 놀이터가 없다. 부엌에서는 엄청나게 많은 일이

우유보다 뇌과학

일어난다. 물건도 이것저것 무척 많다. 아기는 부엌 수납장을 뒤져 물건을 죄다 꺼내 놓고는 난장판을 벌인다. 부모 입장에서는 속 터지는 일이다. 하지만 아기의 발달 과정에서 보면 전형적인 행동이다. 아기는 어느 순간 돌아본다. 남들이 이걸 보고 뭐라고 할까? 잘하고 있는 걸까? 어른들이 "그래, 그래!" 하면 괜찮다는 뜻이다. 반면에 어른들의 얼굴이 차갑거나 굳어 있으면 뭔가 잘못된 행동이다. 아기는 이런 식으로 무엇을 하면 괜찮고 무엇을 하면 안 되는지, 그리고 무엇이 좋고 나쁜지 배운다.

이러한 사회적 놀이는 아기의 발달과 전체 삶에 무척 중요하다. 인간은 뼛속 깊이 사회적 동물이기 때문이다. 아기가 손가락으로 무언가를 가리키는 것도 그런 식의 사회적 행동으로 볼 수 있다. 유모차에 앉아 있는 아기가 날아가는 새를 손가락으로 가리킨다. 이건 이런 뜻이다. "저거 봐, 엄마, 저기 새가 날아가." 달리 표현하면 아기는 일단 자신의 경험을 엄마와 나누고 싶어 하고, 엄마에게 그것을 전달하고 싶어 한다. "저거 봐, 엄마, 저기 흥미로운 게 있어. 새가 있어." 마지막으로 아기가 손가락으로 새를 가리킨 것은 엄마에게서 더 많은 것을 듣고 싶다는 뜻이기도 하다. 그러니까 저게 뭐냐고 묻는 것이다. 우리가 함께 속한 이 세계를 이해하고 배우는 것과 관련해서 사회와 엄마가 아기에게

제1장 _ 아기의 뇌에서 벌어지는 일

많은 것을 가르쳐주는 것은 굉장히 좋은 일이다. 사람의 발달에 결정적인 요소는 개인이 집단 속에서 살아가는 방식과 집단이 개인을 받아들이는 방식이다. 철학적으로 표현하자면 인간은 자신이 누구이고, 세계에서 자신의 자리가 어디인지 알고 싶어 한다는 것이다. 이는 아기가 세계에 처음 발을 내딛는 일과 함께 시작된다.

우리의 환경, 아니 모든 인간의 환경에서 가장 중요한 것은 타인의 존재이다. 우리는 타인을 이해해야 한다. 그들의 일을, 그들의 생각을, 그들의 말을 이해해야 한다. 그러려면 타인에게도 타인 나름의 내면세계가 있음을 배워야 한다. 사실 이건 다른 어떤 것보다 배우기 어렵다. 때문에 아기들은 아직 그것을 배울 수 없다. 서너 살이 되어야만 타인에게 고유한 내면세계가 있고, 사물을 보는 각자의 관점이 있음을 파악하고 이해하기 시작한다.

그렇다면 우리는 그것을 어떻게 배울까? 운동학적 원리로 배우는 것은 분명 아니다. 아이는 타인의 행동을 따라하는 법을 무척 일찍 배운다. 1970년대의 한 유명한 연구에서는 어른이 혀를 쏙 내밀면 신생아도 같이 혀를 내민다는 사실이 증명되었다. 아기는 주변에서 보고 이해한 것을 일찍부터 흉내 내기 시작한다.

위대한 모방

아기의 발달 과정에서 모방의 역할은 점점 그 영향력이 커진다. 여기 지난 몇 년 사이 밝혀진 새로운 사실이 있다. 설명하면 이렇다. 남이 하는 행동을 따라하면 우리 뇌에서는 신경세포가 활성화한다. 그런데 따라하지 않고 그냥 남의 행동을 보기만 했는데도 동일한 세포가 활성화한다. '모방 뉴런(imitative neuron)'이라 불리는 신경세포다. 이 세포는 예를 들어 누군가 찻잔을 잡는 것을 보면 내가 직접 찻잔을 잡을 때와 똑같은 반응을 한다.

모방 뉴런은 우리 몸의 운동 시스템에 속한다. 그런데 내가 아무 행동을 하지 않고 그저 누군가 무언가를 하는 것을 지켜만 보아도 이 세포가 활성화한다는 것은 참으로 흥미롭다. 학계에선 이 세포를 '모방 뉴런'이 아니라 '거울 뉴런(mirror neurons)'이라 부른다. 약간 적절치 않은 이름 같지만 이미 학계에 뿌리를 내렸다. 정리하자면, 거울 뉴런은 남이 하는 행동을 따라하는 것뿐 아니라 그냥 지켜만 보아도 반응한다. 이게 흥미로운 이유는 다음과 같다. 동일한 신경세포가 하나의 행동과 그것을 지켜보는 일까지 동시에 관장한다면 인간에게는 가능한 모든 일을 자기 것으로 만들기가 한결 쉬워지게 된다. 이 세포 덕에 나는 남의 행동을

제1장 _ 아기의 뇌에서 벌어지는 일

보기만 해도 그것을 스스로 따라할 수 있다. 이는 곧 남을 모방하면서 아주 빨리 배울 수 있다는 말이다.

진화 과정에서 인간은 어느 순간부터 다른 사람들과 무리 지어 살게 되었다. 그렇다면 아기들은 무엇을 해야 할까? 다른 아기에게로 달려가 그들의 행동을 따라하고 지켜보기만 하면 된다. 그러면 직접 모든 걸 하지 않고도 많은 걸 배울 수 있다. 이것은 굉장히 중요하다. 그를 통해 배움의 여지가 어마어마하게 커지기 때문이다.

누군가 화상을 입은 것을 본 사람이라면 그 고통을 알려고 굳이 자기 손가락을 뜨거운 물에 담글 필요는 없다. 그것을 본 것만으로 타인의 고통을 함께 느꼈기 때문이다. 그래서 화상을 입지 않는 것이 좋다는 것을 직접 깨달으려고 고통을 직접 느낄 필요가 없다. 나는 이미 뇌 속의 거울 뉴런으로 그것을 함께 겪었다. 우리는 단지 무언가를 모방하고, 타인에게 감정을 이입함으로써 엄청나게 많은 것을 배울 수 있다. 이를 위해 존재하는 것이 바로 거울 뉴런이다. 이 신경세포는 모방을 가능하게 하고, 그로써 자연스레 학습이 이루어지기 위해 생성된 것으로 보인다.

발달 이정표

많은 아기가 10~12개월 사이에 걷는 법을 배운다. 일부 빠른 아기는 9개월째에 혼자 아장아장 걷기 시작하는 반면에 15개월 또는 그 이후에나 걷는 아기도 더러 있다. 일반적으로 아기들 간의 발달 상태나 발달 시점은 편차가 크다. 부모는 그 사실을 알고 있어야 한다. 어쨌든 이 시기의 아기들은 적극적으로 세계 탐사에 나서기 때문에 자신의 몸, 특히 양손을 쓰는 법을 익힌다. 엄지와 검지를 오므려 특정 물건을 의식적으로 집는 일도 이 시기에 이루어진다. 또한 아기는 인과관계를 이해하기 시작한다. 게다가 남들을 자신의 행위 속에 개입시키는 일이 점점 잦아지고, 놀이는 공동생활의 경험이 된다.

동시에 자립성에 대한 충동이 강하게 나타난다. 아기는 이제 자기 손으로 음식을 먹고 마시려 한다. 고집을 드러낼 때도 많다. 절반 가까이가 생후 1년이 끝날 무렵에 '엄마'와 '아빠'라는 말을 한다. 일부는 언어 능력이 훨씬 빨리 발달하고, 일부는 생애 첫 마디를 내뱉는 데 몇 개월이 더 걸리기도 한다. 걷는 것과 마찬가지로 언어 습득 능력도 편차가 심하다. 물론 몇 개월 또는 몇 년 안에 이런 차이는 미미해진다.

미키 마우스와 칸트
_ 발달을 촉진하는 법

나는 이런 질문을 자주 받는다.

"우리 아기가 제대로 성장하려면 어떻게 해야 하나요? 아기의 발달을 촉진하는 법이 있나요?"

그러면 나는 대체로 다음과 같이 대답한다.

"일단 아기의 감각에 문제가 없는지 살펴보세요. 아기가 볼 수 있고, 들을 수 있고, 느낄 수 있고, 움직일 수 있다면 그것으로 부모는 아주 중요한 임무를 완수한 겁니다. 둘째, 아기가 가능한 한 많은 경험을 하도록 해 주세요. 다만 스스로 원하고 즐거워하는 경험이어야지, 아기가 부담을 느끼고 싫어하는 것이어서는 안 됩

우유보다 뇌과학

니다. 아기가 받는 자극의 양은 너무 많을 수도 있고, 너무 적을 수도 있습니다. 그건 아기가 어떻게 반응하는지, 얼마나 즐겁게 받아들이는지를 보면 알 수 있습니다. 마지막으로 가장 중요한 것은 아기에게 늘 애정과 신뢰를 보여주세요. 그러면 아기에게 좋은 것은 물론이고, 당신 자신부터 아기와 함께 있는 시간이 즐거울 겁니다. 아이의 발달 과정을 지켜보며 즐기세요. 아기가 행복해하면 감사히 여기고 즐기세요."

짧은 예를 하나 들어보겠다. 만일 철학 교수가 생후 9개월 된 자신의 아들에게 칸트의 책을 읽어준다면 어떤 생각이 드는가? 어쩌면 많은 사람이 이렇게 말할지 모른다.

"아버지가 제정신이야? 아기에게 그렇게 어려운 책을 읽어주다니. 아기가 얼마나 황당하겠어? 한마디도 알아듣지 못하고 기분만 나빠질 거야. 어쩌면 좌절할지도 몰라. 자기 아들을 그렇게 만드는 사람이 어디 있어?"

그런데 철학 교수는 칸트를 정말 좋아하는 사람이다. 그러니 칸트를 읽을 때 자연스레 많은 부분에서 애정이 배어난다. 특히 정언명법 부분을 읽을 때는 격정이 넘친다. 그렇다면 9개월짜리 아기는 이 길고 난해한 문장을 어떻게 받아들일까? 첫 반응은 이렇다.

"오, 아빠가 재밌는 걸 읽는구나."

아기는 아빠의 음성을 들으면서 아빠에게 주의력을 집중한다. 아기에게 책의 내용은 전혀 지루하지 않다. 그저 아빠가 아주 흥미진진한 것을 말하고 있다고 생각한다.

9개월 된 아기는 당연히 언어의 의미를 아직 알지 못한다. 그래도 배우는 것이 있다. 모국어의 소리다. 아빠가 칸트를 잔잔하게 읽으면 그 소리는 아주 멋지게 합쳐져서 음향의 강물이 되어 아이의 귀에 들어가고, 그때 아기는 소리가 각각 다르다는 것을 알아차린다. 아기는 칸트의 문장에서 음소 하나하나를 풀어낸다. 그러니까 칸트를 배우는 것이 아니라 언어 자체의 소리를 배우는 것이다. 그것도 아주 기능적으로 말이다. 어쩌면 그 과정에서 문법도 약간 배울지 모른다. 7개월부터는 문법을 배울 수 있으니까.

이제 누군가 와서 아빠에게 차근차근 이야기한다.

"그럴 게 아니라 아기에게 어울리는 것을 하세요. 미키 마우스를 읽어줘요. 얼마나 좋아요? 아기에겐 그게 딱 맞아요."

그렇다면야 뭐, 그래 보죠. 아빠는 생각한다. 그런데 아빠에겐 미키 마우스가 지루하기 짝이 없다. 아기의 수준에 맞는다고 해서 미키 마우스를 읽어주기는 하지만, 전혀 신이 나지 않는다. 게다

우유보다 뇌과학

가 꼬맹이도 마찬가지로 지루해한다. 생동감 넘치던 음향의 강물이 이제 전혀 아름답지 않고 활기도 없다. 오히려 밋밋하고 황량하다. 때문에 아기는 언어의 음소를 배우는 데 어려움을 겪는다.

어떤 게 더 나아 보이는가? 만일 9개월 된 아기에게 칸트를 읽어주어야 한다고 생각한다면 당신은 핵심을 잘못 짚었다. 무엇을 읽어주느냐가 문제가 아니다. 관건은 읽어줄 때의 태도다. 읽어주는 사람의 태도가 아기에게 영향을 끼치는 것이다. 그러려면 당신이 좋아하는 것을 아기와 함께 해야 한다. 당신이 재미있어하면 아기도 재미를 느끼고 적극적으로 받아들이게 된다.

숲에서 배우기

우리는 아기가 순간순간마다 무엇을 배우고 있는지 구체적으로 모른다. 다만 어느 시기에 무엇을 배우는지에 대한 기초적인 정보만 있다. 이 정보는 그리 구체적이고 광범위하지 않다. 지금 아기의 뇌에서 어떤 영역이 성숙하고 있는지 알 수가 없다. 즉, 이런 뜻이다. 최상의 학습을 위해 어떤 시기에 어떤 인풋이 필요한지 누구도 정확히 모른다는 것이다. 다만 인풋이 충분히 재미

있고, 열정적으로 표현되어 아이의 주의력을 끌면 아기가 그 순간 분명 무언가를 배운다는 사실은 안다.

언어는 정말 복잡하다. 다층적인 의미를 지니고 있으며 목소리 파장의 패턴까지 더해지면 더없이 복잡한 구조를 가지고 있다. 그런데 우리는 아기의 뇌가 어떤 영역에서 현재의 경험을 분석하고 자기 속으로 받아들이고 흔적을 만들어 내는지 모른다. 다만 당신에게 재미있는 일이 있듯이 아기에게도 재미있는 일이 있다. 우리는 그런 일을 하면서 배운다. 어떤 영역이건 상관없다. 당신이 아기와 함께 숲으로 가는 것이 좋은 이유도 여기에 있다. 그건 집 한구석에 미끄럼틀 같은 놀이 기구를 들여놓는 것보다 훨씬 좋다. 왜 그럴까? 그런 놀이 기구는 한 살 반이나 두 살, 혹은 세 살 아이에게는 좋을 수 있다. 하지만 아기는 금방 지루해진다. 놀이 기구의 기능과 이용 패턴이 아주 단순하기 때문이다. 그저 몇 번 타면 끝이다. 더 이상의 복잡한 측면이 없다. 반면에 숲은 모든 영역이 복잡하다. 거기엔 진창도 있고, 나뭇잎도 있고, 기어다니는 벌레도 있다. 그것들이 살아 움직이는 모습은 아기에게 다양한 경험을 안겨준다. 또한 숲은 시각적으로도 매우 다양하고 복잡한 구조를 띠고 있다. 그렇다면 아기는 이런 복잡성이 주는 재미를 토대로 숲속 어디서건 무언가를 경험하고 배운다.

우유보다 뇌과학

9개월 된 아기에게 칸트를 읽어주어도 될까? 만약 당신이 그 철학 교수처럼 칸트를 좋아한다면 꼭 그렇게 하라. 하지만 축구를 좋아한다면 아기를 팔에 안고 가볍게 공을 차고 놀아라. 아기도 즐거워할 테고, 그걸 통해 무언가를 배울 것이다. 일단 당신이 재미있어하는 것을 찾아야 한다. 그러면 아기가 재미있어할 가능성은 한층 커진다. 그러면 아기는 무언가를 배우고, 둘 사이의 유대감은 커지고, 세계 속에서의 삶은 원활하게 돌아간다.

제1장 _ 아기의 뇌에서 벌어지는 일

인생에서
가장 중요한 시기

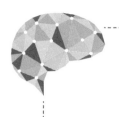

인간 스펀지
_두 살배기

두 살배기는 매우 특별하다. 주변 환경과의 관계에서 스펀지가 된다. 모든 것을 쭉쭉 빨아들여 자기 것으로 만든다. 그것도 믿을 수 없이 빠른 속도로.

예를 들어 내 딸아이는 언제부턴가 내가 집을 자주 비우는 것에 익숙해졌다. 내 입장에서는 일이 바빠 어쩔 수 없었다고는 하지만 그게 좋지 않다는 건 나중에야 깨달았다. 언젠가 딸아이가 다가오더니 나를 이렇게 불렀다. "하이, 아빠 아저씨." 의식적으로 한 말이 아니라 저절로 아이의 입에서 흘러나온 말이었다. 집에 띄엄띄엄 오는 남자 어른을 아저씨로 알고 있는 게 분명했다. 당시 아내와 나는 딸아이가 '아빠 아저씨'라고 말하는 순간 서로 얼굴을 마주보며 무척 당혹스러워했다. 그리고 이게 무슨 상황인지 고민했다. 뭐가 잘못됐을까? 그날 이후 나는 시간이 날 때마다 딸아이와 자주 놀아주려 애썼다. 딸아이도 아직 극복해야 할 것이 많았지만, 자신이 뭔가 대접을 받고 있다고 느끼는 듯했다.

'하이, 아빠 아저씨'에서 알 수 있는 것은 무엇일까? 아이들은 자신이 경험한 것을 즉시 받아들이고 변형하고 일반화해서 새로운 상황에 적용한다는 사실이다. 우리집의 또 다른 아이는 어디선가 '모레(übermorgen)'라는 말을 듣고, 그걸 응용해서 'übergestern'*이라는 말을 만들어 "그제"라는 뜻으로 사용했다. '그제(vorgestern)'라는 말을 아직 한 번도 들어보지 못한 것이 분명했다. 내일(morgen) 다음날이 '모레'라면 어제 다음날도 당연히 'übergestern'일 거라고 생각한 것이다.

이런 일은 지속적으로 일어날 수밖에 없다. 아이들의 뇌가 정보를 단순히 수동적으로만 받아들이는 것이 아니라 일반적인 규

---

* "über"는 "그다음, 지나서"라는 뜻으로 "morgen 내일"과 붙여 쓰면 모레가 된다. 아이는 "gestern 어제"라는 말에 "über"를 붙여서 그제라는 뜻으로 사용했다. 하지만 그제는 "어제 gestern" 앞에 "vor 그전의"라는 단어를 붙여서 쓴다─옮긴이. 이하 각주는 모두 옮긴이 주이다.

칙 속에서 변형한다는 점을 고려하면 말이다. 아이들이 이 규칙들을 사용하는 것은 즉각적인 행동을 통해 세계를 잘 헤쳐나가기 위해서다. 이렇게 자기 방식으로 세계와 마찰을 일으키는 것은 두 살배기에게 꾸준히 일어난다. 때문에 아이들은 어른에게 상당히 '끔찍한' 존재가 되기도 한다. 그래서 미국에는 '끔찍한 두 살(terrible twos)'이라는 말까지 있다. 어찌나 떼를 쓰고 고집을 피우는지 한 대 쥐어박고 싶을 정도라는 것이다.

이유는 무엇일까? 아이들은 모든 것을 알고 싶어 하고 모든 것을 배우려 하는데, 그 과정에서 어떤 일이 자연스럽게 진행될 때까지 기다리려 하지 않기 때문이다. 그래서 아이들은 상황을 도발한다. 게다가 모든 것을 한계까지 밀어붙이면서 자신이 원하는 일이 일어날 때까지 부모를 자극한다. 어디까지 가능한지 한계를 확인하고 싶은 것이다. 두 살배기에게는 당연히 그런 한계가 필요하다. 무슨 일을 어디까지 해도 되는지, 무엇이 가능하고 무엇이 가능하지 않은지 알아내야 하기 때문이다. 그래서 아이들은 갖가지 실험을 한다. 이 일에서 확고한 한계는 어디일까? 내가 지키고 싶고, 지킬 수 있는 규칙은 무엇일까? 아이들은 이런 것들을 통해 자연스레 규칙을 배우기 때문이다. 이 연령대 아이들의 그런 행동은 무척 바람직하다. 어릴 때 아이에게 그런 한계를 가르쳐주지 않으면 나중에 반드시 다른 누군가, 예를 들면 또래 친구나, 교사, 아니면 회사 상사가 무엇을 해야 하고 무엇을 해서는 안 되는지 말해줄 수밖에 없기 때문이다. 그렇다면 부모든 할머니든 가족 누군가가 두 살배기에게 미리 그것을 알려주는 것이 아이가 나중에 다른 사람에게 배우는 것보다 훨씬 쉽게 배울 수 있다.

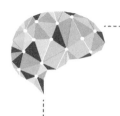

생물학적 준비
_ 걷기의 전 단계

생의 두 번째 해를 맞는 아이는 존재 자체로 부모에게 힘들면서도 멋진 도전이다. 이 시기의 아이들이 어떻게 배우는지를 살펴보기 위해 학자들은 기발한 실험을 하나 계획했다. 테이블을 사이에 두고 한쪽에는 엄마의 무릎에 편안히 앉아 있는 아이가 있다. 맞은편에는 심리학자가 아이와 얼굴을 마주 보고 있다. 테이블 위에는 흥미로운 인형이 하나 놓여 있는데, 심리학자가 인형을 보면 아이도 인형을 본다. 심리학자가 눈을 감자 아이는 인형을 보지 않는다. 이를 통해 심리학자가 인형을 보지 못한다는 것을 아이는 어떤 식으로든 아는 것이 분명해졌다.

다음 실험이 진행되었다. 심리학자가 검은 안대로 자기 눈을 가린다. 아이는 계속 인형을 바라본다. 심리학자가 인형을 볼 수 없다는 것을 모르기 때문이다. 이번에는 안대를 벗어 아이의 눈에다 댄다. 아이는 짧은 시간 동안 아무것도 보이지 않는 경험을 한다. 이어 심리학자가 다시 안대로 자기 눈을 가리자 아이도 인형을 보지 않는다. 이 행동 뒤에는 어떤 원칙이 깔려 있을까? 안대를 직접 경험한 아이는 안대를 쓰면 남들도 보지 못한다는 것을 배운 것이다. 그렇다. 학습은 곧 경험이다.

경험을 통한 학습은 대체로 첫돌을 넘긴 12~15개월 사이부터 발달하기 시작한다. 이 시기에서는 걷고 움직이고 손을 사용하는 능력이 향상되면서 두 번째 발달이 이루어진다. 이로써 세계에 대한 탐구와 정보 처리 작업이 시작된다.

점점 더 빨라지는 신호 전달 체계

발달은 계속된다. 이 시기에는 특히 몸의 움직임을 통제하고 실행하는 뇌 영역에서 여러 가지 일이 일어난다. 우선 뇌에서 팔다리 근육까지 연결된 신경 통로가 부쩍 성장한다. 이 통로는 신경 주변에 '미엘린(myelin)'이라 불리는 일종의 절연층을 형성하면서 한층 강화된다. 신경 통로가 미엘린으로 둘러싸이면서 신경세포를 통해 전달되는 전기 신호는 매우 선명하고 빠른 속도로 전달된다. 이 신호는 거의 수백 배 빨라질 뿐 아니라 '합선(short circuit)'으로 인한 신호 전달 체계의 이상까지 막을 만큼 한층 정밀해진다. 이는 마치 구리줄에 피복을 입혀 절연한 전선과도 비슷하다. 피복 덕분에 전선은 합선 없이 전기 신호를 엄청나게 빨리 전달할 수 있다.

여기에 한 가지 현상이 더 추가된다. 아이가 어떤 움직임을 실행하려고 하면 이제 소뇌가 실행 과정을 통제하기 시작한다. 다시 말해 계획한 대로 움직이게 하는 것이다. 소뇌는 움직임 자체를 통제할 뿐 아니라 움직임이 제대로 실행되는지도 점검한다.

소뇌에 불이 들어옴으로써 움직임에 대한 상시적인 학습이 이루어지고, 그와 함께 수정과 개선 능력이 발달한다. 이런 활동 덕분에 신경 연결은 강화되고, 신경세포 사이의 접촉, 뇌와 근육 사이의 접촉이 늘어난다. 아이는 실패를 마다하지 않고 계속 시도한다. 이 적극적인 시기에는 뇌에도 큰 변화가 일어난다. 첫돌 이전의 아이들이 걷지 못하는 이유는 이런 발달 과정을 거치기 전이기 때문이다. 걷기 위해서는 신경 통로를 감싸는 미엘린이 형성되어야 한다. 또한 소뇌가 작업을 개시해야 하고, 경험도 많이 축적되어야 한다. 그래서 생의 두 번째 해가 시작되고 나서야 아이는 걸을 수 있게 된다.

아무리 애를 써도 아이를 더 일찍 걷게 하는 방법은 없다. 그에 대한 좋은 예가 있다. 아프리카의 한 사냥꾼 부족은 전사 양성을 위해 사내아이를 낳으면 가능한 한 빨리 걷고 달리게 하려고 했다. 그래서 5개월째부터 억지로 아이를 걷고 달리게 했다. 가당치 않은 일이었다. 온갖 유인책을 쓰고, 갖가지 방법으로 강제해 보았지만 안 되는 일은 안 되는 일이었다.

몸을 움직이기 위해서는 신체 내에 생물학적 토대가 먼저 마련되어야 한다. 이를 우리는 '생물학적 준비(biological preparation)'라고 부른다. 준비가 끝났다면 이제는 연습과 활동, 경험이 필요하다.

세계를 선물하다
_ 놀이와 학습 사이

뇌 연구의 관점에서 지난 20년 사이에 발견된 가장 중요한 인식은 우리 뇌가 지속적으로 변한다는 사실이다. 과거에는 뇌를 상당히 단조로운 기관으로 여겼다. 즉, 시간이 갈수록 뇌 속의 신경세포가 줄어드는 것 말고는 특별한 일이 일어나지 않는다는 생각이 지배적이었다. 하지만 최근에는 신경세포가 지속적으로 자라나며, 기존의 신경세포들 또한 지속적으로 변한다는 사실이 밝혀졌다. 신경세포 사이에는 연결망이 존재하고, 이 연결망을 통해 전기 자극이 화학적 방식으로 전달된다. 이것이 바로 앞서 언급한 시냅스이다.

시냅스의 수는 개수를 따지는 일이 허무할 정도로 가히 천문학적이다. 대학생들에게 이 무수한 시냅스가 어떤 기능을 하느냐고 물으면 제대로 답하지 못하는 경우가 많다. 중고등학생도 마찬가지다. 그나마 자주 들을 수 있는 것은 흥분을 전달하는 기능을 한다는 대답인데, 틀린 말은 아니지만 핵심적인 내용은 아니다.

시냅스는 왜 존재할까? 전기 자극을 화학적 방식으로 전달하는 이 특이한 신경 접합 부위에 관해서 우리가 명확히 말할 수 있는 한 가지는 다음과 같다. 그것은 바로 사용될수록 바뀌는 구조라는 점이다. 자주 사용되는 시냅스는 굵어지고 커진다. 그로 인해 결국에는 성능도 좋아진다. 다시 말해 동일한 자극이라 하더라도 자주 사용되는 시냅스를 지나가면 지금껏 별로 사용된 적이 없는 시냅스를 지날 때보다 효과가 더욱 강력해진다.

뇌는 지속적으로 정보를 처리한다. 그러면서 추가로 일어나는 일이 또 있다. 뇌는 변화한다. 이렇게 말해도 된다면 뇌는 자기 속에서 실행되는 소프트웨어에 끊임없이 적응하는 하드웨어다. 그래서 뇌에 흔적이 생기고, 정보를 위한 오솔길이 만들어진다. 그 길을 지나다니는 횟수가 많아질수록 흔적은 더욱 뚜렷해진다.

이런 장면을 떠올려보라. 당신은 테이블 위에 놓인 커피잔을 바라본다. 그것이 어떤 물건인지는 오래 고민하지 않아도 알 수 있다. 또한 손가락이나 스푼으로 톡톡 두드리면 거기서 어떤 소리가 나는지도 안다. 도자기, 유리 등 재료에 따라 소리가 달라진다는 것도 안다. 어떻게 알 수 있는 것일까? 망막에 맺힌 몇몇 광점이 그와 관련된 정보를 불러내기 때문이다. 즉 전기 자극이 망막에서부터 뇌로 전달된 다음 흔적을 따라 자동적으로 흐르기 때문이다.

이 모든 과정은 자동으로 진행되는 까닭은 커피잔에 대한 정보가 이미 우리 속에 저장되어 있기 때문이다. 이처럼 경험 기관으로서의 뇌는 사용 여부에 따라 바뀌고, 이런 변화 과정을 우리는 '학습'이라 부른다.

놀이와 학습은 하나다

아이들은 하루 종일 논다. 특히 두 살배기는 더 그렇다. 그런데 우리는 놀이와 학습을 상반된 것으로 보는 경향이 있다. 조금 더 나이가 든 아이들에게 우리는 이렇게 말한다. "실컷 놀았으니 공부 좀 해야지." 또는 "아이가 하는 일이 뭐 있어! 노는 게 일이지. 그러다 때가 되면 배우기 시작하겠지."

우유보다 뇌과학

이처럼 우리는 기본적으로 놀이와 학습을 양립할 수 없는 것으로 여길 때가 많다. 그러나 조금만 자세히 들여다보면 이 견해는 완전히 틀렸다. 이유는 뭘까? 뇌가 사용함으로써 변하는 기관이라면 실제로 뇌를 쓰는 상황의 발생은 상당히 중요하다. 그리고 놀이가 바로 그런 역할을 한다. 놀이에서는 지속적이고 끊임없이 행위가 일어나기 때문이다. 물론 겉으로는 전혀 중요해 보이지 않는 행위라 할지라도 말이다. 예를 들어 누군가와 경쟁을 하는 상황에서도 나는 다치지 않는다. 놀이이기 때문에 힘을 쓰고 싸우는 상황에서도 어디까지 힘을 써야 하는지 수시로 확인할 수 있기 때문이다. 내가 다치거나, 상대가 다칠 것 같으면 언제든 놀이를 중단할 수 있다. 그것을 알게 되는 것만으로도 학습 효과는 충분하다.

다른 예를 들어보자. 아이는 가족, 즉 엄마나 아빠와 노는 것을 아주 좋아한다. 왜일까? 갖가지 행동을 시험해볼 수 있기 때문이다. 슬쩍슬쩍 살펴보면 아이의 그런 행동은 종종 웃음을 짓게 한다. 부모처럼 행동하기 때문이다. 아이의 행동은 엄마나 아빠와 판박일 때가 많다. 그걸 보고 있으면 웃음이 절로 나온다. 하지만 다른 한편 부모의 실수를 아이라는 거울을 통해 보게 될 때도 있다. 이때 의문이 든다. 그간 부모로서 제대로 된 행동을 보인 것일까?

다시 한 번 말하지만 아이는 놀고, 그러면서 배운다. 아니 배우고, 또 배우고, 또 배운다. 교육용 놀이를 말하는 것이 아니다. 이 부분을 꼭 강조하고 싶다. 오해가 많은 영역이기 때문이다. 아이에게서 놀이를 통한 학습 효과를 기대하고서 교육용 놀이를 하라는 뜻은 아니다. 또한 놀이에 학습 내용을 슬쩍 숨겨 두라는 말도 아니다. 예를 들면 숫자나 알파벳을 배우게 하는 장치 같은 것들 말이다. 핵심은 아이가 놀 때 가능한 모든 것을 할 수 있어야 하고, 놀이를 통해 시범적으로 행동하면서 세계와 어떻게 교류할 것인지, 어떻게 교류하고 싶은지를 배우는 것이다. 이처럼 아이는 놀이를 통해 타인이나 세상과 교류하는 법을 배우기 때문에 아이는 놀아야 한다. 두 살배기에게 놀이와 학습은 동떨어진 것이 아니다. 기본적으로 하나다.

사람들은 이런 질문을 던지기도 한다. 아이에게 좋은 장난감은 무엇일까? 만일 당신이 해변에서 노는 두 살배기를 주의 깊게 관찰한다면 아마도 아이가 아침부터 저녁까지, 그러니까 하루 종일 무언가를 열심히 한다는 점을 알아차릴 것이다. 이유는 뭘까? 곳곳에 흥미로운 것이 넘치기 때문이다. 게가 주변에서 이리저리 돌아다닐 수도 있고, 조개가 눈에 띌 수도 있고, 모래로 집을 짓거나 웅덩이를 만들 수도 있다. 그 밖에 많은 놀이를 할 수 있는 바닷물까지 있다.

두 살배기가 해변에서 노는 방법은 무한대에 가깝다. 장난감은 복잡성이 중요한 것이 아니다. 다채로운지, 소리 나는지 여부도 중요하지 않다. 자극은 임의로 다양성을 부가하고 소리를 나게 하는 것으로 이루어지지 않는다. 자극은 세계, 그러니까 무한한 것을 품은 세계 자체다. 가능한 모든 것들로 이루어진 세계다. 자갈이든 모래든 물이든 상관없다. 이 모든 것은 두 살배기에게는 형언할 수 없을 만큼 다양한 최상의 환경이다. 아이에게는 그런 무한한 가능성을 품은 세계가 필요하다.

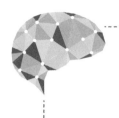

맘마, 맘마
_ 생애 첫마디

첫돌이 가까워지면 부모는 아이가 언제 말을 할지 초조해진다. '엄마'라는 말이든 '아빠'라는 말이든 상관없다. 사실 아이가 첫마디를 떼는 시점에 대해서는 논란의 여지가 많다. 일반적으로는 약 12개월째 되는 시기부터 말을 하게 되고 그보다 더 빠를 수도 있다. 20퍼센트 정도가 그렇다. 30퍼센트는 12개월째에 처음 말을 한다. 그러다 3개월 사이에 말이 는다. 단어가 하나에서 여섯 개로 늘어나는 것이다. 이는 무척 적어 보일 수 있다. 하지만 아이가 말하는 단어의 다섯 배를 이해한다는 점을 감안하면 대단한 성취다.

직접 사용하는 어휘든 알아듣기만 하는 어휘든 아이는 말을 함으로써 주변 환경과의 관계에서 큰 영향을 받는다. 아이는 향후 더 많은 것을 받아들이고 전달할 수 있다. 아이의 뇌 속에 있는 언어 관제 센터에서는 끊임없는 발달이 이루어진다. 신경세포망은 더 촘촘해지고, 언어를 담당하는 영역들은 더 긴밀하게 연결된다. 덕분에 언어 능력이 광범위하게 발달한다. 덧붙이자면 말은 결국 대상에 대한 상징이다. 따라서 이 시기에 아이들이 대상을 다른 의미나 상징으로 사용하는 것은 우연이 아니다. 예를 들어 나무 블록은 아이에게 자동차에 대한 상징일 수 있다. 그래서 12~15개월 사이의 아이는 나무 블록을 테이블 위에 굴리면서 "부릉 부릉" 하고 소리를 낸다. 상징을 사용하고, 상징으로 세계 속을 헤쳐나가는 것은 굉장히 중요한 능력이다.

아이가 많은 단어를 사용하고 이해하면서 소통의 기회가 증가하고, 짧은 문장을 구사하기 시작하는 '언어 능력의 폭발'은 18개월쯤에야 시작된다. 이 부분에 대해선 나중에 다시 언급할 기회가 있을 것이다.

어린 탐험가의 뇌
_ 언어 능력의 폭발

　언어 능력의 폭발에서 중요한 것은 아이들이 언어 및 세계와 동시에 교류한다는 사실이다. 사물의 이름을 불러주는 동시에 그것과 직접 교류하는 것이 학습 과정에 얼마나 도움이 되는지를 보여주는 네트워크 시뮬레이션이 있다. 토마토를 예로 들어보자. 나는 토마토를 손에 쥘 수 있고, 던질 수 있고, 먹을 수 있고, 그것으로 케첩을 만들 수 있다. 달리 표현하면 나는 내가 '토마토'라고 부르는 물건으로 많은 것을 할 수 있다. 그로써 토마토라는 물건이 있다는 것을 알게 되고, 굉장히 다르면서도 하나의 공통점을 가진 다양한 토마토가 있음도 배운다. 비록 그것이 모든 토마토에 적용할 수 없는 이런저런 특성을 갖고 있다고 하더라도 일단 그것과 교류할 기회만 몇 번 주어지면 모두가 토마토다. 나는 이 모든 것을 대상과의 교류를 통해 배운다. 내 앞에 놓인 토마토를 보면서 단지 토마토라고만 생각하지는 않는다는 말이다.

말은 그저 토마토를 바라보는 것으로 배워지지 않는다. 나는 대상의 이름을 부르고 그것과 교류하면서 세계 속 토마토를 자신의 것으로 만든다. 언어 능력의 폭발은 뇌에서 행위와 이름 붙이기를 담당하는 영역들이 긴밀하게 연결되어야만 가능하다. 이로써 말의 지도가 탄생한다. 즉 생각에서 단어에 이르는 지도가 생겨나고, 단어와 생각에 어울리는 행동 지도가 탄생한다. 게다가 나는 단어와 연결된 소리의 지도도 갖고 있다. 이 지도들은 모두 2차원이고, 그 표면에는 특정 활동을 관장하는 신경세포가 있다.

비슷한 대상을 관장하는 신경세포는 나란히 붙어 있다. 반면에 공통점이 많지 않은 대상을 담당하고, 그래서 자주 이용되지 않는 신경세포는 떨어져 있다. 그것도 주로 가장자리에. 이 때문에 우리가 자주 교류하는 대상은 지도마다 넓은 공간을 차지하고 있고, 우리가 거의 교류하지 않는 대상의 공간은 아주 좁다. 흥미로운 것은 이런 뇌 영역들이 서로 지속적으로 정보를 넘겨주고 그로써 영향을 끼친다는 사실이다. 언어 영역에서 폭발적인 비약이 일어나는 것도 바로 이런 정보 교류 덕분이다.

두 살배기는 언제부턴가 90분마다 새로운 단어를 하나씩 배운다. 엄청난 능력이다. 그것도 단어를 집중적으로 공부하거나 파고드는 것이 아니라 대화를 통해 자연스럽게 언어의 바다에 빠지고 세계와 교류한다. 아이에게는 이런 교류가 필요하다. 단순히 귀를 열고 많은 것을 듣는 일만으로는 언어를 충분히 습득할 수 없다.

듣기만으로 언어 습득이 충분히 이루어지지 않는다는 사실은 2007년 미국의 한 연구로 밝혀졌다. 두 살배기 아이들의 언어 습득을 촉진하는 것이 무엇인지에 대한 연구였다. 이 과정에서 연구자들은 많은 수고를 했다. 일단 1,000명이 넘는 아이들의 부모에게 전화해서 정해진 지침에 따라 설문 조사를 했다. "당신은 아이와 하루 종일 무엇을 하십니까?" 부모들의 답변은 정확히 기록되었다. 예를 들어 날마다 책을 읽어준다든지, 이야기를 들려준다든지, 아니면 일주일에 두세 번 음악을 들려준다든지 하는 일이었다. 심지어 아이들과 함께 텔레비전을 시청하는 부모도 있었다. 그런 경우 추가 질문을 통해 부모들이 주로 베이비 TV나 베이비 DVD를 보는 것으로 확인되었다. 그런 방송을 보면 아이들이 똑똑해진다고 광고를 하니까 말이다. 많은 부모들이 그렇게 믿었

우유보다 뇌과학

고, 그래서 그런 DVD를 따로 구입했다.

　이런 조사를 통해 모은 자료는 곧장 컴퓨터에 입력되었다. 고도의 성능을 자랑하는 이 컴퓨터는 무엇보다 다음 문제에 집중하도록 프로그램되어 있었다. 아이와의 교류에서 부모가 아이의 언어 발달에 긍정적인 영향을 끼친 것은 무엇이고, 부정적인 영향을 끼친 것은 무엇일까? 컴퓨터의 가치 평가를 종합한 결과, 매일 책을 읽어주는 행위가 아이의 언어 발달에 긍정적인 영향을 미친 것으로 나타났다. 이 아이들은 그렇지 않은 아이들에 비해 실제로 어휘력이 풍부했고, 언어 능력 면에서 앞서갔다. 이런 경향은 시간이 갈수록 더욱 확실하게 증명되었다.

텔레비전과 DVD는 좋은 학습 수단이 아니다

　그에 못지않게 상당히 중요한 또 다른 결과가 확인되었다. 날마다 어린이 방송이나 DVD를 시청하는 것이 언어 발달에 부정적 영향을 끼친다는 사실이다. 그것도 웬만큼 부정적인 것이 아니라 날마다 책을 읽어주는 활동을 겸하는 것으로는 상쇄가 안 될 만큼 부정적 효과가 컸다. 좀 더 정확히 말하자면 스크린 미디어를 날마다 보면 책을 읽어줄 때보다 언어 발달이 두 배나 늦었다. 이유는 무엇일까? 텔레비전이나 DVD에서도 말을 많이 하고, 여러 가지 일이 일어나고, 거기다 다양한 소리에 색깔까지 다채로운 자극을 주지 않을까? 맞는 말이다. 하지만 거기에는 중요한 것이 빠져 있다. 바로 실제 세계다.

아이에게 필요한 것은 다채로운 소리와 색깔만이 아니다. 정말 중요한 것은 들으면서 만지고 냄새 맡고 맛볼 수 있는 세계다. 듣는 것과 보는 것은 조화를 이루어야 한다. 다채로운 소리와 영상이 오직 눈과 귀로만 쏟아져 들어오는 것은 너무도 일방적이다. 모든 감각이 조화롭게 어우러져야 종합적 학습이 가능하다. 아이는 환경을 통해 배운다. 그것도 모든 감각을 동시에 사용해 가면서 배운다. 세계를 자기 것으로 만들고 파악하려면 반드시 그렇게 해야 한다.

한두 살 아이를 텔레비전 앞에 앉혀 놓는 것은 아이들의 발달에 결정적인 학습 경험을 빼앗는 것이나 다름없다. TV나 DVD를 볼 시간에 다른 것을 할 가능성은 얼마든지 있다. 다시 말해 그 시간에 세계와 직접 접촉할 수 있다. 하지만 아이들은 그런 기회를 박탈당하고, 배울 수 있었을 것들을 배우지 못한다. 좋은 방송 프로그램을 보는 건 괜찮지 않느냐고 생각할 수도 있지만 그렇지 않다. 문제는 아이가 어떤 프로그램을 보는지 여부가 아니다. 중요한 것은 최소한 두 돌이 되기 전까지는 아이에게 그런 미디어 소비를 허용하지 않아야 한다는 것이다. 그렇게 어린 나이에 미디어를 접하는 것은 아이의 학습에 도움이 되지 않기 때문이다.

하지만 현실은 정반대다. 두 돌이 되기 전까지 그런 미디어를 접한 아이의 비율이 90퍼센트를 넘는다. 심지어 아이 스스로 DVD를 켜고, TV 리모컨을 사용해서 비디오 프로그램을 고르기도 한다. 두 살부터는 매일 90분 정도씩 텔레비전 앞에 앉아 있는 아이들이 많다. 그러나 이는 절대 현명한 방식이 아니다. 아이의 지적 발달을 침해하기 때문이다.

발달 이정표

두 살 초기에 아이의 세계는 빠른 속도로 확장된다. 내면세계뿐 아니라 아이를 둘러싼 외부 세계까지 말이다. 보다 넓은 세계를 탐사하고 이해하려는 충동은 두 살배기의 전형적인 특징이다. 그와 함께 신경 통로에는 신경세포를 둘러싼 미엘린 절연층이 발달하면서 정보 전달이 더 빠르고 더 정확하게 이루어진다. 그래서 아이는 점점 더 잘 걷고 뛰고 쥐는 법을 배워 나간다. 단, 이 모든 능력을 학습할 기회가 적절히 주어진다면 말이다.

부모에게 생후 2년째 아이를 돌보는 일은 어지럽고 흥미로우면서도 신경이 곤두설 때가 많다. 이 시기의 아이는 세계 탐사에 나서고, 자기 행동의 한계가 어디인지 시험하려 한다. 그 과정에서 지속적으로 반격을 경험하고, 험난한 학습의 길에서 물건을 깨뜨리거나 부수는 일이 심심치 않게 벌어진다. 그래서 부모는 아이가 다칠 수 있는 물건은 모조리 치우거나 차단해버린다. 물론 그런다고 모든 문제가 해결되는 것은 아니어서 위험해 보일 때마다 "안 돼!" 하고 소리쳐 보지만 그것도 잘 통하지 않는다. '전기 콘센트는 왜 안 되지?' '부엌 찬장 서랍은 또 왜?' '거기에 뭐가 숨겨져 있을까?' '칼은 왜 만지면 안 돼?' 아이는 아직 위험한 것과 무해한 것, 허락된 것과 금지된 것을 구분하지 못한다. 이 어린 탐험가는 움직임에 대한 욕구와 호기심에 젖어 몇 달 안에 모든 것들을 직접 알아내려고 하고, 아마도 알아내게 될 것이다.

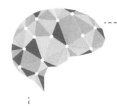

오리는 꽥꽥
_15~18개월

15~18개월 사이 아이에게 주변 환경은 넓은 들판이나 다름없다. 거기서 상당히 복잡하고 무수한 정보가 이 아이에게 흘러 들어온다. 이것들을 정리하려면 모종의 질서가 필요하고, 혼돈 속에 체계를 집어넣어야 한다. 아이가 선택하는 방법은 '집단 만들기'다. 비슷한 것들끼리 한 집단으로 묶은 다음 다른 집단들과 구분하는 것이다. 그런 집단으로는 동물, 인간, 자동차, 비행기가 있는데, 우리는 그것을 범주라고 부른다.

범주는 일찍 형성된다. 어떻게 그것을 알 수 있을까? 아이의 행동을 보면 안다. 예를 들어 아이 앞에 돌을 몇 개 갖다놓고 이렇게 말한다.

"이중에서 아빠 돌은 어떤 거고, 엄마 돌은 어떤 거고, 아기 돌은 어떤 거니?"

15~18개월 아이에게는 아빠 돌은 가장 큰 것이고, 엄마 돌은 조금 작은 것, 아기 돌은 가장 작은 것이다. 이는 전형적인 범주다. 흥미로운 건 아이들이 공중을 나는 동물과 날지 못하는 동물도 구분한다는 점이다. 범주를 만들 때는 비슷한 것과 비슷하지 않은 것들끼리 묶어 분류한다.

그중 특히 중요한 범주는 자신과 타인의 구분이다. 이것과 함께 의식이 발달한다. 물론 어른과 비슷한 의식을 말하는 것이 아니다. 여기서의 의식은 자신이 타인과 다르다는 것을 알아채는 것을 말한다. 이 단계를 통해 아이는 비로소 자신의 성취를 평가할 수 있게 된다. 아이는 이제 타인을 관찰하고, 자신을 남과 비교한다. 이런 능력과 함께 자아가 구축된다.

규칙을 통한 질서

아이들은 무척 일찍부터 개별 사건 뒤에 숨은 일반적인 규칙을 감지하고 저장하기 시작한다. 7개월이 된 아기가 문법 구조, 즉 언어 표현 속에 숨은 일반 규칙을 인식하고 받아들인다는 점은 이미 실험으로 증명되었다. 다시 말해 아주 어린 나이에 언어 구조 속의 일반 규칙을 배우는 것이다. 어떻게 보면 그럴 수밖에 없다. 언어 습득은 정말 어려운 일이기 때문이다. 걸음마를 배울 때도 엉덩방아를 수없이 찧는 실패를 토대로 걸음에 대한 몇 가지 규칙을 추출하고, 말을 배울 때 역시 무수한 변수를 파악하면서 마지막으로 모국어의 전체 문법 규칙을 알아내게 된다.

독일어를 모국어로 쓰는 경우를 살펴보자. 독일어 문법은 결코 간단치 않다. 문법책에는 정말 복잡한 규칙과 믿을 수 없을 만큼 많은 예외 사례가 존재한다. 독일인은 보통 7학년과 8학년 때 문법을 배운다. 그때 배운 것이 기억나느냐고 물으면 당신은 분명 이렇게 답할 것이다.

"그걸 어떻게 기억해요? 벌써 다 까먹었어요."

그렇다고 당신이 단어를 사용하는 일반 규칙을 잊어버린 건 아니다. 게다가 처음으로 문법을 접한 것도 7학년 때가 아니다. 당신은 학교에 들어가기 직전인 유치원 때 벌써 문법을 알고 있었다.

유치원 때부터 이미 문법 규칙을 알고 있었다고 주장하는 근거는 무엇일까? 간단하다. 그렇지 않으면 당신은 말을 할 수 없기 때문이다. 대부분의 아이는 일곱 살 때 별로 틀리지 않고 모국어로 대화할 수 있다. 예를 들어보자. 독일어 문법과 관련해서 내가 잘 드는 규칙이 하나 있는데, 남들은 별로 주의를 기울이지 않는 규칙이다. 어미가 '-ieren'으로 끝나는 동사의 과거분사형은 다른 일반 동사와 달리 앞에 'ge-'가 붙지 않는다. 당신은 이렇게 말할 것이다.

"무슨 그런 이상한 규칙이 다 있어?"

그런데도 오늘 아침 욕실에서 나오면서 당신은 "나 면도했어"라고 표현할 때 'ge-rasiert'라고 말하지 않고 그냥 'rasiert'라고 말한다. 혹은 숲에서 산책한 뒤 'ge-spaziert'가 아니라 'spaziert'라고 말한다. 이 규칙에도 몇몇 예외가 있지만 '-ieren'으로 끝나는 대부분의 동사에는 이 규칙이 적용된다. 'rasieren'이나 'spazieren' 같은 동사처럼.

규칙은 분명 당신의 머릿속에 있다. 이 말에 당신은 이렇게 반박할 수 있다.

"잠깐, 그런 규칙은 내 머릿속에 없어요. 난 그런 거 몰라요. 들어본 적도 없어요."

그러면서도 당신은 이렇게 말할지 모른다.

"그래요, 제가 어릴 때 아빠는 아침에 욕실에서 나오면서 항상

'나 방금 면도했어(rasiert)'라고 말했어요. 전 그것을 듣고 'rasiert'라는 말을 저장했고, 그것을 'rasieren'이라는 동사 원형과 연결했어요. 이처럼 제가 분사형을 써야 할 때 어떻게 바르게 쓸 수 있는지를 보여주는 일종의 표가 제 머릿속에 있어요."

당신의 머릿속에 그런 엑셀 표가 있을까? 아니면 '-ieren'으로 끝나는 동사의 경우 과거분사형은 앞에 'ge-'가 붙지 않는다는 일반적인 규칙이 있을까? 대답은 명확하다. 당신의 머릿속에 있는 것은 엑셀 표가 아니라 일반적인 규칙이다. 다만 당신은 이 규칙을 모른다. 이 규칙을 지배하는 건 우리의 무의식이다. 무슨 말일까? 작은 실험을 해보자. 이건 당신 스스로도 할 수 있고, 유치원 아이들과도 할 수 있는 실험으로 존재하지 않는 단어의 활용에 관한 것이다. 예를 들어 있지도 않은 단어인 'quangen'이나 'patieren'을 제시하면서 이 동사의 과거분사형이 무엇인지 물어보면 당신이나 아이는 뭐라고 답할 것 같은가? 누구든 단번에 'gequangt', 'patiert'*라고 답할 것이다. 독일어를 모국어로 쓰는 사람이라면 누구나 그것을 안다. 흡사 직감처럼. 그러나 직감이

---

* 독일어 동사는 과거분사형에 일반적으로 "ge-t"가 붙는데 반해, "-ieren"으로 끝나는 동사는 앞에 "ge-"붙지 않는다.

제2장 _ 인생에서 가장 중요한 시기

아니다. 그것은 생각하는 능력을 가진 뇌의 작용이다.

당신의 뇌 속에는 하나의 규칙이 저장되어 있다. 물론 당신이 줄줄이 암송할 수 있는 구체적인 규칙은 아니다. 당신은 걸을 때 중력 상수와 지렛대 원리를 이용해서 걷는다. 그건 걸음마를 배울 때 익혔다. 마찬가지로 당신은 언어를 배우기 시작할 때도 문법 규칙을 익혔다. 물론 규칙은 언어로 규범화되어 있지 않고, 복사본의 형태로 뇌 속에 고스란히 저장되어 있다. 이를 확인하고 싶다면 존재하지 않는 한 단어를 떠올린 다음 그것으로 문법 규칙에 맞게 한 문장을 만들어보라. 문제없이 이루어진다. 독일어 문법의 어떤 규칙으로도 가능하다. 심지어 유치원에 다니는 아이도 할 수 있다. 그렇다면 결론은 분명하다. 학교에 들어가기 직전의 아이도 독일어 문법의 전체 규칙을 이미 머릿속에 갖고 있다.

그렇다면 이 규칙들은 뇌 속에 어떻게 만들어졌을까? 아이 혼자 만들지는 않았고, 그렇다고 모방을 통해 누군가로부터 넘겨받지도 않았다. 방법은 간단하다. 우리가 아이들과 말을 했기 때문에 가능한 일이다. 대화를 하고, 사물과 교류함으로써 아이들의 머릿속에 규칙이 생성되었고, 이후 지속적인 사용으로 뿌리를 내렸다.

한 살짜리 아이는 대개 대여섯 개 단어밖에 모른다. 물론 열 개 단어를 아는 아이도 더러 있고, '엄마'라는 말밖에 할 줄 모르는 아이도 있다. 그런 아이들이 불과 12개월 만에 400~500개 단어를 사용해서 적극적으로 소통에 나선다. 아이들이 알아듣는 단어는 심지어 그보다 훨씬 많다. 거의 2,000개에 이른다고 한다.

대부분의 아이들에게 언어 능력의 비약적 발달은 생후 2년째에 이루어진다. 그럴 만한 신경생물학적 이유가 있는데, 이는 좌우 대뇌반구(hemicerebrum)의 네트워킹과 관련이 있다. 좀 더 자세히 설명하면 이렇다. 좌측 대뇌반구는 일종의 사전 역할을 하고, 여기서 단어가 처리된다. 우측 대뇌반구는 그에 대한 이미지를 제공한다. 이런 식으로 생후 2년째에는 단어에 이미지가 더해진다. 이는 좌우 대뇌반구가 '뇌량(corpus callosum)'이라는 들보 형태의 신경 집합으로 연결되기 때문에 가능하다. 아이는 50~100개 어휘가 생기면 곧바로 두 단어를 조합해서 사용하기 시작한다. 예를 들면 '엄마, 맘마, 아빠, 안녕' 같은 것들이다. 이러한 언어 능력은 두 살배기가 사회적 접촉을 넓히고 세계를 이해하는 데 도움이 된다. 또한 아이는 언어의 소리를 표현하는 세계로 풍덩 빠지는 것을 즐긴다. 예를 들어 아직 발음이 안 되는 자동차는 '빵빵'으로, 개는 '멍멍이'로, 오리는 '꽥꽥'으로 표현된다. 이로써 세계 속의 사물은 단계적으로 하나의 이름과 함께 하나의 의미를 얻는다.

브로콜리와 인과 법칙
_ 기대 뉴런의 활성화

15~18개월 시기에 우리는 매우 흥미로운 현상을 관찰할 수 있다. 아이는 자기 자신뿐 아니라 타인이 느끼는 것, 타인에게 중요한 것을 고려하기 시작한다. 14개월 아이에게 누군가 브로콜리와 비스킷 중에서 브로콜리를 맛있게 먹는 장면을 보여준다. 그런 다음 아이에게 둘 중에서 하나를 달라고 하면 아이는 비스킷을 내민다. 자기가 비스킷을 좋아하기 때문이다. 하지만 18개월 아이라면 이 사람에게 브로콜리를 줄 가능성이 높다. 이 시기의 아이는 자신만의 기준으로 타인의 식성을 인지하지 않기 때문이다. 다시 말해 타인의 입장을 이해할 수 있다. 이 능력은 거울 뉴런 덕

분이지만, '대뇌변연계(limbic system)'라 불리는 우리의 감정 체계 덕분이기도 하다. 대뇌변연계는 직접적인 관찰뿐 아니라 타인의 감정에 대한 인지와 적절한 반응까지 가능케 한다.

이 시기의 아이는 타인의 마음을 들여다보는 법을 배운다. 또한 타인의 행동을 해석하는 법도 배운다. 그래서 자기가 좋아하는 비스킷 대신 브로콜리를 준다. 그 사람이 브로콜리를 맛있게 먹는 것을 보았기 때문이다. 이런 행동에는 앞서 언급한 거울 뉴런이 중요한 역할을 한다. 거울 뉴런은 타인을 모방하는 데만 도움이 되는 것이 아니라 타인의 의도를 직감하고 파악하는 일을 돕기도 하기 때문이다.

그런데 타인의 의도를 감지하기 위해서는 표정을 읽는 등의 행위를 해야 한다. 이를 통해 일종의 공감 능력, 즉 타인에 대한 이해가 가능해진다. 예를 들어 아침을 먹을 때 나는 차를 즐긴다. 특히 마지막 한 모금을 상당히 중요하게 생각해서 항상 그 순간을 즐거운 마음으로 기다린다. 내 아이들도 그것을 알아챈 모양이다. 그래서 하루는 내가 잠깐 한눈을 파는 사이 내 찻잔에 남은 마지막 한 모금을 녀석들이 마셔버렸다. 그런 줄도 모르고 나는 "자, 이제 기다리던 마지막 한 모금을 마셔볼까!" 하며 잔을 입에 대고 마시려 했다. 당연히 헛물을 켰다. 순간 실망감이 몰려왔다.

우유보다 뇌과학

그러나 그게 아이들의 장난이라는 것을 알아차린 순간 실망감은 폭소로 바뀌었다.

이 장난은 몇 주째 이어졌다. 그걸 보면서 나는 아이들이 남의 생각을 무척 잘 읽어낸다는 사실을 깨달았다. 아이들은 원인과 결과 사이의 밀접한 관계를 알고 있고, 그 덕분에 새로운 경험을 한다. 이후 무언가를 할 때면 아이들은 이 행위가 하나의 결과로 나타날 거라는 기대를 품는다. 이 경우 이른바 '기대 뉴런(expectation neuron)'이 활성화된다. 이 신경세포는 한 가지 원인에 한 가지 기대된 결과가 있다는 사실을 깨닫게 해주는데, 이런 깨달음은 아이들의 성장에 무척 중요하다.

우리는 기대 뉴런에 대해 아는 것이 아직 많지 않다. 다만 그게 뇌 속의 인과 법칙을 담당하는 한 축이라는 것은 말할 수 있다. 그에 대한 예가 아이들의 장난이다. 아이들은 전기 스위치를 켰다 껐다 하며 불이 들어오고 나가는 것을 확인한다. 또한 수도꼭지를 돌리고 잠그면서 물이 갑자기 나오고 그치는 것을 본다. 아이들은 이런 식으로 항상 자신의 행동에 나름의 결과가 있음을 반복해서 경험한다. 이는 학습에 결정적인 요소다. 자신이 실제로 어떤 일이나 사건을 일으킬 수 있음을 깨닫기 때문이다.

탁아 시설의 한계
_루마니아의 실험

아이에게 타인의 생각을 읽는 능력이 형성되지 않으면 어떤 일
이 벌어질까? 루마니아에는 3만 명이 넘는 고아가 있고, 이들이
생활하는 고아원에서는 아이들과 함께하는 일이 많지 않았다. 주
로 아이들을 배부르게 먹이고 깨끗하게 키우는 데만 치중할 뿐
아이들이 세계와 교류하고, 그로써 세계를 자기 것으로 만들 기
회는 별로 제공하지 않았다. 이것이 아이의 정신 발달에 어떤 결
과를 초래하는지는 2007년에 발표된 미국의 한 연구로 증명되었
다. 미국 학자들은 루마니아 정부의 의뢰로 연구에 착수했는데,
루마니아 당국은 이 연구 결과를 바탕으로 새로운 입양 프로그램

및 가정 위탁 지원 프로그램을 짤 계획이었다. 미국 연구자들은 일단 180명의 아이를 선발했고, 철저한 의료 검사를 거친 끝에 최종적으로 140명을 선정했다.

140명의 아이들은 추첨을 통해 일부는 고아원에 남고, 나머지는 위탁 가정에 보내졌다. 추첨이라는 방식을 택했던 이유는 건강상의 특정 기준으로 아이의 거처에 대한 결정이 내려지는 것을 피하기 위해서였다. 그런데 이 연구를 좀 더 자세히 살펴보기 전에 이 방식에 대해서 윤리적인 의문을 제기할 수밖에 없다. 꼭 그렇게 해야 했을까? 나를 포함해 일부 사람들이 그런 생각을 했다. 오늘날에는 이런 상황에 대한 특별한 지침이 존재한다. 아무도 해를 입지 않아야 한다는 것이다.

오늘날의 지침을 적용했을 때 추첨을 통해 고아원이나 가정에 아이들을 보낸 연구자들은 그렇게 했어야 했다고 말할 수 있다. 물론 위탁 가정에 맡겨진 아이들이 더 좋을 수는 있지만, 고아원에 남은 아이들도 좋음의 정도만 덜할 뿐이지 나쁘지는 않으리라는 생각을 했기 때문이다. 당시 루마니아에는 아이들을 고아원에서 키우는 것이 더 낫다고 생각하는 사람들이 있었다. 최소한 그곳에서는 아이들을 제대로 먹이고 입힐 수 있기 때문이었다. 하지만 위탁 가정에 맡기면 그런 사정은 정확히 알 수 없을 뿐 아니라 아이들이 오히려 방치될 수도 있다. 그런 점에서는 사실 고아원 아이들이 유리했다. 하지만 다른 점에서도 그럴까? 연구자들이 밝히고자 했던 점도 바로 이 부분이었다.

연구 결과는 다음과 같다. 실험에 참여한 아이들은 42~54개월 사이였다. 이후의 추가 조사에서 두 살 때 위탁 가정에서 생활한 아이들은 발달 과정에서 본질적인 진전이 있었다는 사실이 밝혀졌다. 그것도 생후 2년이 되기 전에 위탁 가정에 맡겨졌을 때 아이들의 지적 발달 수준이 한결 높았다. 연구 결과가 너무나 명백해서 루마니아 정부는 이 연구에 영향을 받아 법을 바꾸기까지 했다. 즉 두 돌 이전에는 아이들을 고아원에서 키우지 말고 위탁 가정에 보내야 한다는 규정이 마련된 것이다. 그래야 아이의 발달에 필요한 창문이 완전히 닫히지 않는다. 이 창문은 두 돌이 끝나기 전까지는 상대적으로 활짝 열려 있다.

연구 결과는 어린아이의 뇌 발달과 심리적 발달에 대해 우리가 알고 있는 것과 일치한다. 아이들은 생후 2년째에 믿을 수 없을 만큼 많은 것들을 배운다. 그러므로 이 시기에 학습 기회가 집중적으로 주어져야 한다. 그러나 루마니아 탁아 시설에서는 그런 기회가 제공되지 않았다. 기회가 있다고 해도 최소한 위탁 가정만큼 많지는 않았다. 위탁 가정에서는 인간 간의 상호 교류와 세계와의 접촉이 한층 강렬하게 이루어질 수 있었다.

이 사실이 의미하는 바는 무엇일까? 혹자는 이 연구를 탁아 시설은 필요 없고 그런 시설을 짓지 말아야 한다는 주장에 대한 논거로 받아들일 수도 있다. 그런데 과연 그럴까? 아니다. 탁아 시설에 관한 한 독일의 상황과 루마니아의 상황을 절대적으로 비교할 수는 없다. 다만 중요한 사실은 영유아용 탁아 시설이 기저귀 탁자와 온수 설비를 갖추는 것만으로 결코 충분하지 않다는 점이다. 아이의 육체적·정신적 발달에 필요한 환경이 조성되도록 신경을 써야 한다. 부모가 경제적인 이유로 맞벌이를 해야 할 상황이라면 아이에게 하루 종일 사람과 접촉하고 대화할 기회를 제공하는 일은 굉장히 중요하다. 즉 아이에게는 함께 생활할 수 있는 공동체와 흥미진진한 환경이 필요하다. 좋은 탁아 시설은 단순히 아이들을 배부르게 먹이고 깨끗하게 키우는 것뿐 아니라, 교류를 통해 발달의 가능성을 열어줄 수 있는 곳이다. 아이에게 진정으로 필요한 것은 온전한 세계다.

도덕관념의 원천은 부모

_ 전두엽의 발달

소아과 의사로서 이런 질문을 받을 때가 많다. 부모가 어떤 제안을 했을 때 아이가 점점 더 자주 '노'라고 답하는 것을 어떻게 해석해야 하느냐는 것이다. 예를 들어 부모가 말한다. "이제 밖에 나가야 하니까 장갑 껴." 아이가 대답한다. "싫어." 부모는 이 대꾸를 직접적인 반대로 받아들일 때가 많다. 그러나 다른 시각에서 볼 수도 있다. 아이의 반응은 이제 막 싹트기 시작한 인과 법칙에 대한 이해와 관련이 있을 수 있다. 아이는 자신이 '노'라고 말하면 어떤 일이 벌어지는지를 알아내려고 한다. 내 행동의 결과는 무엇일까? 아이는 자기가 무언가를 하지 않을 때 무슨 일이 일어나는지 알고 싶은 것이다. 아이가 '노'라고 말하는 까닭은 정말 무언가를 원치 않아서라기보다는 싫다는 반응이 어떤 결과로 이어질지 궁금해서다.

생후 1년이 끝나갈 무렵 아이는 자신의 행동에 대해 부모의 반응을 살피곤 한다. 다시 부엌을 예로 들어보자. 아이에게 이곳만큼 좋은 놀이터는 없다. 아이는 찬장에 있는 물건을 죄다 끄집어낸다. 그러면서 반복해서 부모 쪽을 돌아본다. 지금 이 행동을 엄마나 아빠는 좋게 생각할지, 나쁘게 생각할지 궁금해하면서. 아이의 반응도 그에 따라 다르다. 그와 함께 무엇이 옳고 그른지에 대한 생각이 처음으로 싹트기 시작한다.

생후 2년이 끝나갈 무렵에는 엄마나 아빠 없이도 아이는 벌써 무엇이 옳고 그른지를 안다. 따라서 자신의 행동도 그에 맞춘다. 도덕적인 행동은 이 시점부터 뚜렷이 발아하기 시작한다. 아이는 권위 있는 어른의 통제를 받지 않고도 옳고 그른 것을 구분하게 된다. 이쯤에서 명확해지는 것이 있다. 그것은 바로 아이가 배우는 도덕관념의 원천이 부모의 반응이라는 사실이다. 부모는 아이에게 어떤 행동이 좋고, 어떤 행동이 덜 좋은지에 대한 힌트를 명확하게 준다.

도덕관념이 발달하기 위해서는 뇌의 생물학적 변화가 필요하다. 이때 중요한 역할을 하는 것은 눈 바로 위에 있는, 행동에 대해서 일종의 통제 기능을 하는 전두엽이다. 전두엽은 정서적 영역에서 무엇이 좋고 덜 좋은지, 무엇이 옳고 그른지를 알려주는 감정 체계와도 연결되어 있다. 두 돌 무렵 전두엽과 감정 체계의 이런 강력한 연결은 도덕관념의 발달에 근본적인 전제 조건이다. 물론 그렇다고 전두엽이 인간의 도덕 통제 센터라는 얘기는 아니다. 전두엽은 이 모든 연결을 통합하고 보완하는 조정 센터일 뿐이다.

많은 사람이 '가치 교육'을 입에 올린다. 이 개념은 유치원과 학교에서 단순히 수를 계산하고, 글을 쓰고 읽고, 자연과학적으로 사물을 관찰하는 법만 가르쳐서는 안 된다는 것을 뜻한다. 그런 것들 외에 어떤 태도를 보여야 하는지, 어떻게 행동해야 하는지도 가르쳐야 한다는 것이다. 그러려면 아이들은 뭐가 좋고, 뭐가 나쁜지를 알아야 한다.

어떻게 하면 아이들이 효과적으로 좋고 나쁜 것을 배울 수 있도록 할 수 있을까? 분명한 것은 훈계를 늘어놓고 규칙을 강조하는 방식은 아니라는 점이다. 분명히 아니다! 문법도 규칙을 외우는 방식으로 배운 것이 아니라, 언어적 표현을 받아들이고 세계와 부딪치면서 배우지 않았는가. 뭐가 좋고 나쁜지도 마찬가지다.

규칙은 배우는 것이 아니다. 적절한 경험을 토대로 저절로 만들어진다. 그것도 아주 빠른 속도로 말이다. 왜냐하면 규칙에 대한 경험들은 강렬한 감정을 동반하는 경우가 많기 때문이다. 무언가에 대한 평가는 항상 감정적인 측면과 함께 이루어진다. 아무것도 모른 채 뜨거운 불판 위에 손을 대는 경험은 대체로 일생에 단한 번밖에 하지 않는다. 한 번 손을 데고 나면 다시는 그러지 말아야 한다는 것은 누구나 안다. 그것을 확실히 알기 위해 몇 시간씩 훈련을 시킬 필요는 없다.

이에 대해서는 우리가 앞서 언급한 대뇌변연계(limbic system)를 떠올려볼 필요가 있다. 대뇌변연계는 감정적 체계를 갖고 있는데, 이 체계는 적절한 신호를 제공하는 여러 구조들의 복합체다. '이건 좋고, 저건 나빠' 하는 경험도 이런 신호를 만들어낸다. 왜냐하면 경험은 뇌, 그러니까 대뇌피질에서 가공 처리되어 그에 대한 흔적이 뇌 속에 남기 때문이다. 불에 한 번 덴 사람이라면 누구도 재차 뜨거운 불판에 손을 대려고 하지 않는다. 그게 좋지 않다는 것을 스스로 반복해서 되새기기 때문이다. 그에 대한 흔적은 뇌 속 편도체에 깊숙이 각인된다. '그건 다시는 하지 마. 무척 아파' 하는 식으로 말이다. 그 후로는 더 이상 그런 행동을 하지 않는다. 다른 일에 관해서도 마찬가지다. 일단 내가 직접 해본 다음 무슨 일이 일어나는지 확인한다는 말이다. 물론 타인이 다른 타인에게 어떻게 행동하는지 지켜보고, 그들 사이에서 어떤 일이 벌어지는지를 관찰하면서 배우기도 한다.

이런 관점을 받아들인다면 아이들은 당연히 스크린 미디어를 보면서도 배울 수 있다. 언제부터 그럴 수 있는지는 정확히 알 수 없지만 대체로 생후 2년 뒤부터로 추정된다. 아무튼 사실이 그렇다면 아이들에게 올바른 내용을 제공하는 것은 상당히 중요하다. 하지만 어린이 방송은 지극히 폭력적인 내용을 담고 있다. 조사에 따르면 아이가 생후 18개월까지 멀티미디어로 인지하는 폭력 행동은 무려 20만 가지에 이른다고 한다. 그것이 아이들을 폭력으로 내몰고, 폭력에 무감각하게 만들고, 폭력적 행동에 대한 아이들의 가치관에 영향을 끼친다. 그렇다면 가치와 평가, 행위의 관점에서도 아이들에게 올바른 경험을 하게 하는 것은 무척 중요하다. 또한 폭력이 보상받고, 성공으로 이어지고, 폭력을 사용했는데도 처벌받지 않고 빠져나가는 내용은 아이들에게 보여주면 안 된다. 그러나 미디어에서는 그런 내용들이 심심찮게 흘러나온다. 만일 우리 아이들이 웬만큼 이성적인 어른으로 자라기를 바란다면 마땅히 피해야 하는 일이다.

발달 이정표

두 돌이 다 되어갈 무렵 전(前)전두피질(frontocortical)은 점차 활기를 띠면서 다른 뇌 부위들과의 연결망을 넓혀 나간다. 전전두피질은 전두엽에서 가장 앞에 있고, 종종 매니저 또는 지휘자라고도 불리는 부위다. 이곳에서 다른 뇌 영역들을 통솔하기 시작하면 비로소 아이는 한 가지 과제에 집중하고, 감정을 통제하고, 여러 가능성들 가운데 하나를 의도적으로 선택할 수 있다.

생후 2년의 후반기가 되면 아이는 거울을 보고 자신을 알아보고, 그와 함께 자아상이나 초보적인 자의식이 발달한다. 아울러 너와 나를 구분한다. 무언가는 내 것이고, 다른 무언가는 네 것이라는 것을 알게 된다. 내게는 아프지 않은 일이 너에게는 아플 수 있음도 안다. 더 나아가 이 시기의 아이들은 자신의 행동에 결과가 따르고, 옳은 것과 그른 것이 존재하고, 좋은 것과 나쁜 것이 있음도 배운다. 전전두피질의 활동성이 그에 대한 생물학적 전제조건이다. 다만 무엇이 좋고 나쁜지에 대한 기준은 부모로부터 배운다.

예민하고 불안한 아이
_ 기질과 양육 방식

언어와 움직임, 그리고 감정의 영역에서 아이의 발달 정도는 뇌가 그런 것들에 얼마나 준비가 되어 있는지에 달려 있다. 즉 생물학적으로 준비된 뇌만이 실제로 배울 수 있다. 예를 들어보자. 아기는 4개월째에 벌써 기질상의 특성을 뚜렷이 드러낸다. 항상 익숙한 것만을 고집하는 아이는 쉽게 흥분하는 기질일 수 있다. 만일 자신의 일상적 습관이나 패턴이 깨지거나 새로운 것을 받아들여야 하는 상황에서는 행복해하지 않는다. 반면에 덜 예민한 아이도 있다. 요즘 말로 하면 쿨한 아이다.

지금까지 밝혀진 바에 따르면 덜 예민한, 그러니까 쿨한 4개월 아기가 10개월 후 불안에 떠는 아이로 변할 가능성은 무척 낮다. 반면에 4개월째에 무척 예민한 기질을 보인 아기가 14개월째에 불안에 떠는 아이로 바뀔 가능성은 상당히 높다. 이때 아이가 불안에 떠는 것을 자신의 탓으로 여기는 부모가 많다. 하지만 근거 없는 자책이다. 동일한 가정에서 동일한 양육을 받고 자란 아이들도 기질은 천차만별이다. 기질적 원인은 대부분 생물학적 요소에서 기인하기 때문이다.

아이에게 불안 증상이 나타날 때에는 양육 방식이 상당히 중요하다. 우선 4개월 된 아이를 둔 부모는 '허용적 양육' 방식을 쓸 수 있다. 그건 항상 아이에게 맞추는 방식이다. 아이가 행복해지길 바라고, 아이에게 한계를 설정하는 것을 피한다. 아이 스스로 자유롭게 발달하는 일에 초점을 맞추기 때문이다. 또한 부모는 '허용적 양육' 방식 대신 '권위 있는' 자세를 견지할 수도 있다. 권위 있는 것은 '권위적인' 것과는 다르다. 사실 권위적인 양육 방식은 요즘 잘 쓰지 않는다. 효과도 없다. '권위 있는 양육' 방식은 아이가 새로운 상황에 적응할 수 있도록 돕는 것이다. 그런 부모는 아이가 항상 행복할 수는 없다는 사실을 인정하고 받아들인다. 게다가 아이의 행동에 한계를 설정하기도 한다.

양육 방식에 따른 발달 정도를 측정하기 위해 실시한 하버드대

학의 한 대규모 연구 결과는 다음과 같다. 덜 예민한 4개월 아이를 '허용적 양육' 방식으로 교육했더니 21개월째 아이의 불안은 낮게 나타났다. 동일한 기질의 아이에게 권위 있는 양육 방식을 썼더니 결과는 비슷했다. 그러니까 쿨한 아이에게는 양육 방식이 크게 영향을 끼치지 않았다. 반면에 예민하고 불안에 떠는 아이는 달랐다. 그런 아이에게 부모의 양육 방식은 무척 중요했다. 부모가 아이에게 행동의 한계를 설정해주지 않았더니 아이는 21개월째에 오히려 한층 더 불안해졌다. 그런데 한계를 설정해주고 권위 있는 태도로 대하자 아이의 불안 증세는 기대한 것보다 높게 나타나지 않았다.

이것이 의미하는 바는 무엇일까? 불안에 떠는 아이들에게는 무언가 버팀목이 필요하다는 것이다. 그게 오히려 아이들이 삶의 여러 상황을 헤쳐나가는 데 도움이 된다. 달리 표현하자면 어떤 양육 방식을 사용할지는 아이의 기질에 따라 달라질 수밖에 없다. 게다가 동일한 가정이라 하더라도 모든 아이가 자신의 형제 또는 자매와 동일한 기질을 갖고 있지 않다. 그렇다면 아이의 개인적 성향에 따라 양육 방식이 달라져야 한다.

우유보다 뇌과학

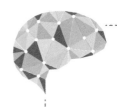

해변을 선물하라

_ 기질과 환경

우리 인간에게 생물학적 소인은 무엇이고 그렇지 않은 것은 무엇일까? 나는 정신의학자로서 우울증을 어떻게 분류해야 하느냐는 질문을 자주 받는다. 그런 성향은 타고나는지, 아니면 습득되는지에 대한 판단을 내려 달라는 것이다. 그런데 이런 질문은 어쩌면 질문 자체가 잘못되었다. 이에 관해서 최근 연구들을 살펴보자.

수십 년 전에 시작된 장기 연구들은 출생 직후부터 아이들을 조사했다. 그 뒤로 정기적으로 가정을 방문해서 아이들을 관찰하고, 테스트를 하고, 발달에 대한 질문을 던졌다. 또한 아이가 폭력을 당하는지, 심각한 트라우마를 겪는지, 또는 부모 중 한쪽이 죽었는지도 조사했다. 오늘날에는 과학이 발달해서 현재 어른이 된 피험자의 타액 시료로도 유전자를 분석해서 개인별로 어떤 유전적 소인이 있는지를 알아낼 수 있다.

인간 뇌에는 '세로토닌(serotonin)'이라는 무척 특별한 신경 전달 물질이 있고, 이 물질은 감정 조절을 비롯해 식욕과 공격성, 그 밖의 많은 기능을 조절하는 것으로 알려져 있다. 세로토닌 체계는 개인의 유전적 요인에 따라 활동성에서 차이를 보인다. 즉 누군가는 좀 더 활발하게, 누군가는 좀 덜 활발하게 움직인다. 이는 자연스럽게 유전적 요인과 환경의 관계에 대한 물음으로 이어진다. 어느 것이 더 중요할까? 유전자일까, 환경일까? 50대 50으로 똑같은 비중일까? 아니면 70대 30, 또는 80대 20일까?

이것이 굉장히 복잡한 사안이라는 것은 과학적 연구로도 밝혀졌다. 만일 당신이 특정 유전자를 갖고 있다면 당신에게 무슨 일이 일어나든 전혀 상관이 없다. 어떤 운명적 타격에도 상대적으로 강하게 버티는 힘이 있는 것이다. 그런 타격은 경제적 어려움일 수 있고, 인간적 상실일 수 있고, 트라우마를 일으키는 경험일 수 있다. 그게 무엇이든 당신이 특정한 유전 유형이라면 전혀 문제가 되지 않는다. 당신은 무슨 일이 닥치든 아주 빨리 대응하고 쉽게 적응한다. 반면에 정반대의 유전자를 갖고 있다면 모든 운명적 타격은 상당히 위험할 수 있다. 예를 들어 우울증에 걸릴 수도 있고, 범죄에 빠져들 수도 있다.

이런 경우 환경적 요인은 무엇이고, 생물학적 요인은 어떤 작용을 하는 것일까? 만일 특정 유전적 소인을 가진 사람에게 환경이 아무런 영향을 끼치지 않았다면 이때 중요한 것은 오직 유전자다. 반면에 정반대의 유전적 소인을 갖고 있다면 환경은 갑자기 중요한 요소로 부각된다. 그 사람이 삶을 잘 헤쳐나갈지, 범죄에 빠지거나 우울증에 걸릴지, 마지막에는 심지어 자살을 할지도 결국 환경이 결정하기 때문이다. 이런 관점에서 보면 유전자와 환경의 비중이 몇 퍼센트냐, 예를 들어 50 대 50이냐, 70 대 30이냐는 물음은 결코 제대로 답할 수 있는 문제가 아니다. 결국 모든 사람에게 필요한 것은 개인의 기질에 맞는 환경과 교육이다. 그렇다면 개인의 가능성과 능력, 기질을 최상으로 발전시킬 좋은 환경을 제공하는 것이 가장 중요하다.

어떤 사람은 액운이 닥쳐도 잘 참고 받아들인다. 물론 잘 버티지 못하는 사람도 있다. 그런데 우리는 어떤 아이가 어떤 식으로 액운에 반응할지 모른다. 아이의 유전적 소인을 모르기 때문이다. 우리가 유전자와 환경적 영향 모두의 관계를 전체적으로 정확히 이해하려면 기나긴 시간이 걸릴 것이다. 앞으로 500년은 기다려야 하지 않을까?

그사이 우리는 무엇을 해야 할까? 당연히 우리 아이와의 교류에서 몇 가지에 주목할 필요가 있다. 무엇보다 중요한 것은 아이들 각자에게 필요한 환경을 제공하는 것이다. 아이에게 필요한 환경이 무엇인지는 어떻게 알 수 있을까? 우선 그에 대한 '생각'은 적게 할수록 좋아 보인다. 아이를 해변으로 데려가 보라. 그러면 아이가 그 환경에서 얼마나 혼자서 잘 노는지 바로 알 수 있다. 숲도 마찬가지다. 이유가 뭘까? 아이에게 즐겁고 재미있기 때문이다. 또한 아이가 모든 것을 잊고 자신에게 푹 빠진 채 세계를 자기 것으로 만들기 때문이다.

이런 일이 일어나려면 안타깝게도 획일적으로 변해버린 아파트 같은 우리의 거주 공간을 떠나야 한다. 아이들에게 좋은 자극거리를 마련해주려고 집에다 장난감을 잔뜩 쌓아두는 것은 중요하지 않다. 아이에게 어떤 환경이 정말 멋지고 즐거울지를 고려해보고 아이와 함께 떠나면 된다. 아이들 입장에서는 정말 환영할 만한 환경이다. 아이가 어떤 것에서 즐거움을 찾을 수 있을지에 대한 힌트를 얻기 위해서 우리는 자연스럽게 우리 자신의 어린 시절을 떠올리게 된다. 하지만 세계는 이미 변했다. 그렇다

우유보다 뇌과학

면 변해버린 세계에서 어떻게 환경을 찾아주고 만들어줄 수 있을까?

보드게임을 사 주는 것이 하나의 방법일 수 있다. 이 게임에서는 사회적인 상황을 연출할 수 있고, 그를 통해 아이들은 사회성을 배울 수 있기 때문이다. 흔히 보드게임은 여럿이서 함께 한다. 우리는 게임의 도움을 받아 과거 어린 시절에 겪었던 일반적인 상황을 연출할 수 있다. 과연 아이에게 좋을까? 그렇다. 분명 좋다. 그로써 우리는 서로 부대끼고 싸우고 이기고 지는 법을 배우기 때문이다. 우리는 이 모든 것을 사회적 연출, 즉 함께하는 놀이를 통해 배운다.

아이를 하루 종일 차에 태워 바이올린 학원, 무용 학원, 승마 학원, 유도 학원으로 데려가는 부모는 아이에게 온종일 수동성만 가르치는 셈이다. 아이가 혼자 할 수 있는 것은 아무것도 없다. 모든 게 자신과 상관없이 그냥 일어나는 일뿐이다. 심지어 자동차 안에서는 가끔 학원 시간을 잊어버릴 뻔했다든지, 학원 시간에 너무 늦을 것 같다든지, 아니면 교통 정체가 심하다는 이유로 긴장된 분위기가 흐르기도 한다. 그러면 다들 신경이 곤두선다. 이런 상황에서 아이는 무엇을 배우겠는가? 엄마와 아빠도 신경질을 부린다는 것을 배울까? 아무리 아이의 장래를 위한 선의에서 출발했다고 하더라도 아이를 온종일 학원으로 돌리는 것은 아이의 발달에 좋은 방법이 아니다.

아이들을 돌볼 때 항상 고민해야 할 것이 있다. 지금 아이에게는 어떤 일이 일어나는가? 중요한 것은 우리가 아이에게 원하는 일이 아니라 아이에게 실제로 어떤 일이 일어나느냐 하는 것이다. 여기에 좋은 척도가 있다. 아이가 그것을 재미있어하는가? 재미있어한다면 잘못되지 않았다. 물론 반드시 옳은 기준이 아닐 수도 있지만, 전적으로 잘못된 것은 아니라는 말이다. 반면에 아이가 재미를 느끼지 못한다면 그 방법은 옳지 않다. 중요한 건 재미다. 재미가 있어야 한다. 두 살배기는 재미있을 때 가장 빨리, 가장 능동적으로 배운다.

동물원과 장난감
_ 본보기가 중요한 시기

　이쯤에서 아이를 둔 부모를 위해 몇 가지 실용적인 조언을 하고 싶다. 무엇보다 중요한 것은 아이가 스스로 경험할 수 있도록 최대한 많은 기회를 부여하라는 것이다. 어떤 문제든 일단 아이 스스로 해결하게 내버려두어야 한다. 그러다 도저히 혼자서 해결되지 않으면 아이가 먼저 도움을 청해올 것이다.

　또한 아이에게 과도한 자극을 주는 일은 피해야 한다. 어른들은 아이에 대한 사랑이 넘쳐 너무 많은 장난감을 사 줄 때가 많다. 그러면 아이는 메뚜기처럼 톡톡 튀며 이것저것 잠깐씩 가지고 놀다가 만다. 선택지가 너무 많아 어느 하나에 푹 빠져 집중할 수가 없기 때문이다. 좋지 않은 기억이 하나 있다. 강을 따라 산책을 하던 중이었다. 동물이 있고 아름다운 꽃이 있고 우람한 나무가 그림처럼 펼쳐진 멋진 동물원이었다. 네 살짜리 아이가 엄마와 함께 내 쪽으로 다가왔다. 아이의 장난감 통엔 장난감이 가득 들어 있었다. 세어보니 총 열네 개였다. 맙소사, 이 멋진 풍경 속으로 아이를 데리고 놀러 오면서 이렇게나 많은 장난감을 갖고 오다니! 아마도 심심할까 봐 가지고 온 게 분명했다. 불쌍한 아이는 장난감에 정신이 팔려 안타깝게도 주변 환경에 거의 눈길을 주지 않았다.

아이에게 동화책을 많이 읽어주는 것도 좋은 방법이다. 특히 그림책이 좋다. 부모와 무언가를 함께하는 경험을 할 수 있을 뿐 아니라 같은 것을 보면서도 비슷하거나 다르게 생각할 수 있음을 경험한다. 이것은 아이에게 정말 중요한 순간이다. 그 밖에 아이를 가정의 일상적인 일에 적극 참여시키는 것도 좋은 방법이다. 나는 부모들에게 항상 이렇게 묻는다.

"오늘 아침 식탁을 차리는 데 누가 도와주었나요?"

세 살 아이도 충분히 식사 준비를 도울 수 있다. 심지어 아이들은 그것을 좋아한다. 단순히 부모를 모방하는 것을 넘어 '나도 할 수 있다'는 것을 보여주려고 하기 때문이다. 그런데도 우리는 아이들에게 너무 일을 시키지 않는다. 마치 아무 일도 못하는 사람처럼, 또는 시키면 오히려 사고를 칠까 봐 두려워하는 사람처럼 아이를 대할 때가 많다.

마지막으로 아이가 성장하는 모습을 즐겨라. 아이는 배우기 좋아한다. 그런 아이들을 가만히 지켜보고 있으면 기적 같다는 느낌이 든다. 그리고 이 시기의 아이에게 가장 중요한 본보기가 부모라는 사실을 잊지 말기 바란다.

· 제3장 ·

부모가 모르는
아이의 세상

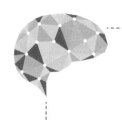

유치원에서 배우는 인생
_ 미취학 아동기

세 살에서 여섯 살까지의 시기를 우리는 '미취학 아동기'라 부른다. 이 시기에는 유치원에 간다. 아직 학교에 갈 나이는 아니다. 학교에서는 공부를 하고, 유치원에서는 논다. 학교에서 삶의 진지함이 시작된다면 그 전에는 놀아야 한다. 물론 그렇다고 취학 전, 그러니까 유치원 시기에는 배우지 않는다는 것이 아니다. 이 시기에도 엄청나게 많은 것을 배운다. 유치원은 아이들을 단순히 배불리 먹이고 깨끗하게 입히고 씻기는 곳만이 아니다. 여기서는 훨씬 많은 일이 벌어진다. 특히 취학 전 아이들의 뇌에서는 쉴 새 없이 많은 일들이 벌어진다. 삶의 배움은 유치원에서 이

우유보다 뇌과학

미 시작되고, 이 시기에는 학교에서 생활하기 위해 필요한 모든 것이 발달한다. 그것도 무척 많이.

유치원 시기의 아이들이 배우는 가장 중요한 것은 자신이 고유한 인격을 가진 한 인간이라는 의식일 듯하다. 모든 아이들이 특정 유전자를 갖고 태어나고, 그로써 부모의 인격을 어느 정도 물려받는다. 그러나 자신만의 인격은 아직 형성되지 않는다. 아이의 인격은 기본적으로 존재하지만 아직 잠재적으로만, 그러니까 아직 현실이 되지 못한 우발성의 형태로만 존재한다. 유전적 소인을 가진 인격이 하나의 실제적인 인간이 되려면 특정한 인격을 형성시킬 수 있는 가능성이 주어져야 하고, 그것은 바로 타인과의 교류로 가능해진다.

그런 점에서 세 살 이후의 아이들에게 무엇보다 꼭 필요한 것이 하나 있다. 타인과의 접촉, 그것도 다른 아이들과의 접촉이다. 이때 또래 친구들도 필요하지만 다른 연령대의 아이들과 어울리는 것도 중요하다. 어른도 엄마와 아빠로 한정되면 안 된다. 삼촌과 이모, 부모의 친구들과 교류를 확대하는 것이 바람직하다. 아이들이 무언가를 함께 도모할 수 있고, 자신과 비교할 수 있고, 제대로 한번 나가떨어질 수도 있는 사람들이다. 어떤 집단에서 새로 만나는 낯선 이들도 마찬가지로 중요하다. 아이들은 그들과 어울려 놀 수 있고, 그러면서 인생의 단독 데뷔를 연습한다. 이 모든 것들은 아이가 하나의 작은 인간이 되기 위해 없어서는 안 될 결정적인 요소다.

이 시기에 두드러지게 형성되는 것은 인격만이 아니다. 다른 많은 능력도 그만큼 발달한다. 가장 눈에 띄는 것은 운동 영역에서의 학습이다. 아이들은 우선 세발자전거 타는 법을 배운다. 그런 다음 두발자전거로 나아간다. 또한 수영을 배우고, 가위와 칼, 바늘 다루는 법을 배운다. 게다가 붓으로 색을 칠할 수 있고, 노래하는 것을 배운다. 그뿐만이 아니다. 몸의 일반적인 운동 기능을 비롯해 손이나 얼굴 근육 같은 미세 운동 영역에서도 3~6세 아이들은 놀랄 정도의 진전을 보인다. 인간의 운동 영역에서 가장 어려운 것은 말하기다. 아이들은 이제 모국어를 아주 쉽게 배운다. 나중에 어떤 외국어도 그만큼 더 잘 배울 수 없을 정도다. 게다가 모국어를 배우는 속도는 놀랍다. 특별한 연습이나 훈련도 필요 없다. 어떻게 이것이 가능할까?

우유보다 뇌과학

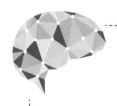

수다가 중요한 이유
_ 언어 능력의 발달

　언어는 소통 수단이다. 아이의 어휘력을 높이고, 말하기와 알아듣기 사이의 격차를 줄이려면 아이가 언어의 바다 속으로 풍덩 뛰어들 기회를 충분히 주어야 한다. 이 시기는 교육 과정을 통해 직접적으로 언어를 배우는 것보다 언어적 환경에 풍덩 빠져 허우적대면서 배우는 것이 더 중요하다. 그러므로 아이와 함께 사는 사람은 아이와 가능한 한 말을 많이 하고, 아이가 무슨 말을 하면 어떤 식으로든 대답을 하는 것이 중요하다. 그를 통해 아이는 언어가 인간관계를 개선하고 가능하게 한다는 사실을 저절로 깨닫는다.

아이의 언어 발달 능력은 실로 엄청나다. 예를 들어 아이에게 어떤 말의 반대말을 물어보라. 그러니까 '낮'의 반대가 뭐냐고 물으면 세 살 아이의 25퍼센트가 '밤'이라고 제대로 대답한다. 다섯 살이 되면 그 비율은 50퍼센트로 높아지고, 여섯 살이 되면 무려 90퍼센트로 훌쩍 뛴다. 이것은 평균적인 비율이고, 개인적인 상황에 따라 발달의 차이가 있을 수 있다.

예상치 못한 결과도 있다. 아이의 20퍼센트가 네 살 때 이미 언어 능력에서 퇴보 현상을 보인 것이다. 이 아이들은 예컨대 두 마디 문장밖에 구사할 줄 몰랐다. 발음도 정확하지 않았고, 쉬운 말도 모두 알아듣지는 못했다. 그렇다고 청각에 문제가 있거나 언어를 관장하는 뇌 영역에 문제가 있어서 그런 것은 분명 아니었다. 아이들에게 부족한 것은 바로 대화였다. 요즘은 많은 가정이 한자리에 모여 식사를 하지 않는다. 그러다 보니 가족끼리 수다를 떠는 일도 적다. 그러나 다 함께 모여서 식사를 하며 이야기를 나누는 자리는 가정 내에서 아이의 언어 발달에 필요한 핵심 요소다.

아이의 언어 학습에 무엇보다 중요한 것은 아이와의 소통이다. 이것이 얼마나 중요한지는 원래 말수가 적어 아이들과 거의 말을 하지 않는 엄마들에 대한 조사로 밝혀졌다. 주로 우울증을 앓는 엄마들이었다. 이들은 말을 하는 것을 싫어하고 힘들어했다. 그런데 이 엄마들을 설득해서 아이들과 많은 말을 하도록 유도하자 아이들의 언어 결핍이 중지된 것으로 확인되었다. 왜 그럴까? 이유는 분명하다. 엄마들이 아이들과 대화를 시작했기 때문이다. 엄마와 아이의 상호작용에 관한 병리학적 연구에 따르면 엄마가 아이들과 대화를 하는 일은 정말 중요하다. 그것도 꾸준히 대화해야 하고, 그냥 지나가는 말로라도 끊임없이 말을 해야 한다. 그래야 아이들도 그냥 지나가듯이 자연스럽게 말을 배운다.

한 가지 덧붙일 말이 있다. 나는 이렇게 말하는 엄마들을 안다.

"나는 아이에게 젖을 줄 때가 행복해요. 그때야 차분하게 드라마를 볼 수 있으니까요."

다른 엄마도 아이의 기저귀를 갈거나 아이를 목욕시킬 때 뉴스나 좋아하는 음악을 들을 수 있어서 행복하다고 말한다. 나는 아이를 목욕시키고 아이에게 젖을 주는 것이 아이에게 더할 나위 없이 좋은 일이지만 그를 넘어 소통, 즉 아이와의 대화도 잊어서는 안 된다고 생각한다. 아이와의 교류는 어떤 것이든 항상 정신적인 교감이기도 하다. 엄마가 웃으면 아이도 웃는다. 아이를 어루만져주면 아이도 꼭 안긴다. 하나의 행동이 다른 행동을 부른다.

지속적인 공동생활과 유대감은 아이들을 학습 과정으로 이끈다. 엄마도 그걸 깨닫고 적극적으로 행동해야 한다. 내 아이가 아직 말을 못하니까 아이와 할 일이 없다고 생각하는 것은 틀렸다. 젖을 먹일 때도 아이가 단순히 영양분만 섭취한다고 생각하면 오산이다. 젖을 먹이는 행위는 엄마와 아이의 강렬한 소통이다. 아이는 장차 세계와 맞닥뜨려야 하고 타인과 관계해야 한다. 아이가 세계의 문을 열고 당당하게 들어가기 위해서는 함께 사는 사람들과의 적극적인 교류가 절실하다.

두 번째 언어를 배울 시점
_모국어 단계

내가 반복해서 받는 질문이 있다. 아이에게 두 번째 언어를 가르쳐도 될까? 아빠는 터키어를 쓰고 엄마는 독일어를 쓰면 어떡해야 될까? 두 가지 언어로 양육을 해도 될까? 이와 관련해서 부모로서 몇 가지 명심해야 할 것이 있다. 첫째, 세 살 아이는 다른 언어를 배울 능력이 충분하다. 배움에 전혀 어려움이 없다. 거의 자동으로 가능하다. 실제로 두 언어 가정, 즉 엄마와 아빠가 각각 다른 말을 사용하는 가정에서도 아이는 문제없이 적응하는 것으로 판명되었다. 심지어 장점까지 있다. 세상엔 한 가지 언어가 아닌 여러 언어가 존재하고, 그로써 말하는 방식도 하나가 아니라 다양할 수 있음을 어릴 때부터 알게 되기 때문이다. 이는 아이가 새로운 상황에 적응하는 데 도움이 되고, 아이를 좀 더 유연한 인간으로 만든다. 거기다 아이의 주의력까지 높인다. 한 언어에서 다른 언어로 전환할 때는 주의력과 집중력이 필요하기 때문이다.

아이의 성장 환경에서 언어의 다양성은 여러모로 의미가 있다. 그것을 나는 인구 13만 명이 사는 스위스의 작은 도시 베른에서 수시로 경험한다. 이곳에는 나를 비롯해 150개국에서 온 사람들이 산다. 그러다 보니 언어는 정말 다양하다. 이 다양성은 얼핏 혼란을 야기할 것처럼 보이지만 살아보면 그렇지 않다. 이곳의 누구도 따로 어학원에 다닐 필요가 없다. 그저 여러 언어를 듣고 체험할 기회만 있으면 된다. 특히 아이들은 그런 기회를 즐기고, 외국어 습득 능력도 탁월하다.

그렇다면 두 번째 언어를 배울 최적의 시점은 언제일까? 강조했다시피 3~7세 아이들은 자동으로 언어를 배운다. 학교나 어학원에서 배우는 것이 아니라 주변에서 오가는 단어와 문장을 받아들이면서 배운다. 우리는 두 언어가 뇌 속의 동일한 언어 센터에서 가공 처리되는 것을 알 수 있다. 일곱 살 아이는 아직 언어를 놀이하듯 습득한다. 하지만 그 후에는 언어 센터 외부에 언어가 저장되고, 그 과정은 이전의 자동적인 말하기와 동일하지 않다.

부모들은 아이에게 언제부터 외국어, 가령 세계 보편 언어인 영어를 가르쳐야 하는지 물을 때가 많다. 이 문제에 관심이 많은 건 당연하다. 하지만 다음 사실을 알아야 한다. 아이에게 중요한 건 일단 한 가지 언어, 그러니까 모국어부터 터득하는 것이다. 나는 유치원에서 영어를 배우는 것을 별로 탐탁지 않게 생각한다. 몇 시간에 지나지 않는 그런 짧은 경험으로는 외국어를 충분히 익힐 수 없다. 외국어 학습은 아이가 학교에 들어갈 때까지 기다리는 것이 좋다. 예닐곱 살의 아이는 이미 모국어를 충분히 익힌 상태일 것이기 때문이다. 게다가 여러 연구에 따르면 아이가 세 살 때 영어를 배웠다고 해서 그게 훗날의 직업이나 삶의 성공에서 별로 이점으로 작용하지는 않는다.

발달 이정표

아이들은 본보기를 보고 배운다. 본보기는 대부분 부모다. 그렇다면 집에서부터 언어 문화를 잘 가꾸어 나가야 한다. 아이들이 원하는 것은 소통이다. 부모는 아이가 서너 살 때부터 그림책을 읽어줄 수 있다. 그러면서 이렇게 물어본다.

"여기 뭐가 보이니? 누가 누구한테 무슨 짓을 하고 있니? 이유가 뭘까?"

서너 살은 동화의 시간이자, 함께 처음으로 노래를 부를 수 있는 시간이다.

아이가 대여섯 살이 되면 당신은 인간의 감정에 대해 말해줄 수 있다. 예를 들면 슬픔, 뿌듯함, 실망 같은 감정들이다. 이 나이의 아이들은 이미 사건과 감정의 인과관계를 이해한다. 나는 이 일 때문에 슬프고 저 일 때문에 행복하다는 것을 아는 것이다. 다만 아이가 감정을 어떻게 다루어야 할지에 대해서는 부모를 보고 배운다는 사실을 잊지 말아야 한다. 또한 역으로 아이가 부모 자신의 문제를 상담해줄 수 있는 어린 파트너라는 사실도 잊지 말아야 한다.

우유보다 뇌과학

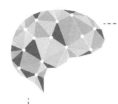

기억 놀이의 천재들
_좌측 반구에 피가 돌 때

어른이라면 한 번쯤 아이들과 기억 놀이를 해서 무참히 패배한 경험이 있을 것이다. 아이들과의 게임에서 상대도 안 되게 지고 나면 이런 걱정을 하기 마련이다. 혹시 벌써 치매가 시작된 건 아닐까? 뇌세포들이 죽기 시작했나? 하지만 분명히 얘기하자면, 아니다. 당신에게 문제가 있어서 진 것이 아니다!

아이들은 왜 기억 놀이를 잘할까? 이유는 명확하다. 아이들은 주변에 있는 것들을 보는 즉시 빨아들이기 때문이다. 또한 마땅히 그래야 한다. 아직 머릿속에 많은 것이 들어 있지 않기 때문이다. 반면에 나이 든 사람들은 이미 세계에 대해 하나의 상을 갖고 있다. 그 덕분에 세계를 한결 쉽고 빠르게 이해한다. 대상을 보면서 그게 무엇인지 고민할 필요가 없다. 다시 말해 주변의 탁자와 의자, 고양이와 개를 보면서 이건 다리가 있고, 털이 있고, 멍멍 짖는 것에 주목하지 않는다. 반면에 아이들은 그런 특징을 유심히 보고 기억한다.

개 또는 멍멍이?

이런 장면을 떠올려보자. 당신은 컴퓨터 앞에 앉아 있다. 모니터에 개와 고양이 사진이 차례로 지나간다. 그런데 당신은 지금껏 개와 고양이를 한 번도 본 적이 없다. 그렇다면 문제가 생길 수밖에 없다. 개와 고양이를 어떻게 구분해야 하는지 모르기 때문이다.

이 실험은 실제로 아이와 어른 모두를 상대로 실시되었고, 두 집단이 동물들을 어떻게 구분하는지 확인할 수 있었다. 세 살짜리 아이는 구분을 잘 못했다. 특히 개와 고양이가 조금만 닮아도 그랬다. 반면에 어른들은 구분에 아무 어려움이 없었다. 추가 실험이 이어졌다. 개와 고양이의 분류 작업이 끝나자 이제 실험자들은 아이와 어른에게 이렇게 설명했다.

"이제부터는 화면에 두 장의 사진이 동시에 나타날 겁니다. 둘 중에서 그전에 본 것이 무엇인지 말해주세요."

이 추가 실험에서 아이들은 성적이 아주 좋았다. 보는 족족 정확하게 동물을 찾아냈다. 하지만 어른들은 성적이 안 좋았다. 게다가 조금 더 어렵게 문제를 냈더니 그전에 본 동물을 제한적으로만 알아보았다. 반면에 아이들은 동일한 난도에서도 어른을 훨씬 능가했다. 그렇다면 아이들이 한층 빨리 배운다고 생각할 법하다. 맞는 얘기다. 다만 아이들이 왜 그렇게 빨리 배울까 하는 질문이 남는다. 여기서도 대답은 같다. 아이들은 아직 세계에 대해 아는 것이 별로 없기 때문이다.

또 하나의 변형된 실험이 있다. 같은 나이의 아이들에게 개와 고양이가 무엇인지, 또 무엇을 보고 그들을 알아보고 분류하는지를 알려주었다. 즉 개와 고양이에 관한 지식을 장착시켰다. 그 상태로 추가 실험을 다시 실시했다. 결과는 아이들도 어른만큼 잘 기억하지 못하는 것으로 나타났다. 아이들은 빨리 배운다. 단 그들을 어른으로 만들지 않을 때만 그렇다. 확고한 지식을 전달하게 되면 아이들은 어른과 마찬가지로 잘 배우지 못한다.

이유는 어디에 있을까? 세계에 대해 저장된 정보는 우리가 이 세계를 빨리 헤쳐나갈 수 있도록 돕는다. 그러면 우리는 가령 어떤 개의 오른쪽 귀 밑에 있는 작은 점에 더 이상 세심하게 주의를 기울일 필요가 없다. 이 동물이 어떤 동물인지 이미 알고 있기 때문이다. 결국 구분에 대한 지식이 중요하다. 우리 머릿속에는 분류상의 대체적인 특징이 저장되어 있고, 우리는 그것을 수시로 꺼내 쓴다. 이처럼 우리는 세계를 분류하는 데 익숙해져 있다. 그것을 아직 할 수 없는 아이들은 세세한 모든 것에 관심을 보인다. 게다가 중요한 것과 중요하지 않은 것을 구분하지 못한다. 그러다 보니 아주 작은 것에 주의를 기울이게 되고, 그러다 보니 당연히 모든 것을 훨씬 더 잘 기억할 수 있다.

삶의 단계마다 특성이 있다

그렇다고 해서 아이들이 어른보다 기억력이 높다고 할 수는 없다. 결국 삶의 단계마다 고유한 특성이 있고, 이 특성을 정당하게 평가하는 것이 중요하다. 아이들이 세계를 이해하려면 많은 세계와 자주 접촉해야 한다. 그런데 일단 한 세계를 이해하고 나면 아이들은 세세한 것에는 더 이상 주의를 별로 기울이지 않는다. 대

우유보다 뇌과학

신 세계를 좀 더 빨리 헤쳐나가기 위해 중요한 다른 점들을 인지하기 시작한다.

여기서 이런 의문이 든다. 아이들은 네 살이 되면 왜 그렇게 갑자기 많은 일을 할 수 있을까? 이제 이 아이들은 더 많은 관련성을 생성해낼 수 있고, 원인과 결과를 분리할 수 있다. 또한 미래와 비슷한 것을 상상하고, 과거를 기억하기도 한다. 이런 발달을 이끄는 것은 결국 뇌다. 뇌에서는 대체 어떤 일이 벌어지고 있을까? 이 나이에 이르면 뇌는 변한다. 생후 4년 동안에는 우측 대뇌 반구의 혈액순환이 강조되었다면 이제는 좌측 반구에 활발하게 피가 돈다. 이런 변화와 함께 중심점도 오른쪽에서 왼쪽 뇌 부위로 옮겨간다. 그로써 언어 발달이 촉진되고, 인과관계에 대한 생각이 더욱 강화된다.

그런데 혈액순환의 양상만 변하는 것이 아니라 좌측 반구와 우측 반구를 연결하는 들보, 즉 뇌량도 이제 무척 빠르게 성장한다. 그를 통해 두 개의 반구는 한층 긴밀하게 협력하고, 더 많은 정보를 처리할 수 있다. 게다가 이 나이에는 모든 과정의 순조로운 진행에 중요한 역할을 하는 전기적 연결 작용도 뚜렷이 증가한다. 뇌는 생물학적 구조뿐 아니라 기능 면에서도 눈에 띄게 변한다.

이 시기에는 또 어떤 일이 일어날까? 아이의 마음속에서 섬뜩

하고 무시무시한 마법적 인물이 서서히 사라지기 시작한다. 이를테면 동화 속의 거인, 마법사, 마녀, 괴물, 공룡 같은 것들이다. 심지어 발달이 좀 더 빠른 아이는 산타클로스 할아버지나 부활절 토끼를 더 이상 믿지 않는다. 아이들에게 마법의 시기는 중요하다. 또한 그 시기가 마감되는 순간도 그에 못지않게 중요하다.

욕구를 조절하기 시작하다

이제 아이들은 스스로를 조종해 나가기 시작한다. 더는 충동적으로 행동하지 않고 자제력을 발휘하기도 한다. 심지어 욕구를 누르거나 미루기도 한다. 이런 발달 현상과 관련해서 여러 가지 흥미로운 실험이 실시되었다. 예를 들어보자. 한 아이가 심리학자와 함께 한 방에 앉아 있다. 두 사람의 테이블 위에는 군침이 도는 과자가 놓여 있다. 갑자기 심리학자가 말한다.

"나 잠깐 나갔다 올게. 몇 분 뒤에 올 거야."

아이는 딜레마에 빠진다. 과자를 먹고 싶은 충동이 솟구친다. 마침 심리학자도 없으니 좋은 기회다. 하지만 마음속에서 다른 목소리가 들려온다. '그러면 안 돼. 먹지 마. 무슨 일이 벌어질지 몰라.'

우유보다 뇌과학

이 실험 상황에서 아이들은 두 부류로 나뉘었다. 한 부류는 즉시 과자를 먹었고, 다른 부류는 심리학자가 돌아올 때까지 기다렸다. 그런데 두 번째 부류의 아이들은 그냥 허공만 보며 기다린 것이 아니라 혼자 여러 가지 일을 했다. 예를 들어 방을 둘러보거나 무언가를 유심히 바라보았다. 그러니까 얌전히 참은 것이 아니라 관심을 계속 다른 데로 돌렸다. 충동과 욕구를 누르는 훌륭한 방법이다. 흥미로운 사실은 또 있다. 욕구를 눌러 과자를 먹지 않은 아이들은 나중에 학교 성적도 한결 좋았다.

어떻게 그게 가능할까? 원인은 다시 뇌에 있다. 뇌의 계속된 발달에 있다는 말이다. 여기서 전면에 등장하는 것은 전두엽이다. 전두엽의 발달은 특히 인간에게서 두드러진다. 인간이라는 종과 가장 가깝다는 침팬지가 우리와 가장 큰 차이를 보이는 것도 전두엽이다. 인간의 전두엽은 침팬지보다 훨씬 크다. 체격 차이를 고려하더라도 말이다. 전두엽의 발달은 시냅스가 늘어나는 것을 의미하고, 신경의 이 연결점들은 다른 모든 뇌 영역과의 연결을 늘린다. 이런 이유로 전두엽은 전체 뇌 기능을 훨씬 순조롭고 강력하고 신속하게 통제하고, 감독하고, 활성화한다. 이런 의미에서 전두엽은 뇌의 최고 사령부다.

그다음에는 해마의 발달이 잇따른다. 물고기의 한 종인 해마와 비슷하게 생긴 이 뇌 기관은 기억 형성에 매우 중요하다. 다시 말해 정보를 저장해야 할지 말지 그 분류와 선별 작업이 여기서 이루어진다. 이 기관은 4~6세 사이에 비약적으로 발달한다. 겉보기에는 어른의 해마와 거의 차이가 없을 정도다. 이로써 아이에게는 예전보다 더 기억을 잘하고 과거를 파악할 기회가 생긴다. 뇌의 토대에 해당하는 기능이다. 이제 아이 자신의 과거가 중심에 떠오른다. 그와 함께 미래를 떠올리는 일도 가능해진다.

과거 모듈과 미래 모듈

여러 연구에 따르면 과거를 담당하고 우리에게 기억을 가능하게 하는 뇌 영역이 미래도 설계하는 것으로 드러났다. 지난 일과 미래의 일은 동일한 뇌 영역에서 다루어진다. 과거 일의 경우 우리는 정보를 불러내어 끄집어내고, 미래 일의 경우는 정보를 불러내어 새로 조합할 뿐이다. 옛 이미지는 재차 투사될 뿐 아니라 새로운 이미지로 그려지기도 한다. 이런 식으로 옛것이 새롭게 합성된다.

최근 연구를 통해 과거와 미래가 우리 머릿속에 나란히 붙어 있음이 밝혀졌다. 그건 현실과 허구도 마찬가지다. 우리가 특정 사건을 기억하거나, 실제가 아닌 이야기를 말하거나 읽어줄 때면 우리 머릿속에는 아주 비슷한 영역이 활성화한다. 또한 타인이 고통받는 것을 보면 우리 자신이 실제로 고통받을 때와 동일한 통증 영역이 활발해진다. 내가 타인에게 감정이입을 하면서 모종의 감정을 체험해도 나 자신이 실제로 그런 감정을 느낄 때와 똑같은 감성 영역이 활성화한다. 그렇다면 우리 뇌에는 실제 대상을 담당하는 특정 모듈이 따로 있는 것이 아니고, 허구적 대상을 담당하는 특정한 다른 모듈이 존재하는 것도 아니다. 나는 이 표현을 별로 좋아하지 않지만 어쨌든 우리 뇌는 '종합적으로' 일한다. 그리고 항상 통합한다. 슬픈 이야기나 즐거운 이야기를 들으면 우리 내면에서는 해당 영역이 활성화한다.

아이들에게는 이처럼 슬픈 일과 기쁜 일을 직접 겪는 것도 중요하지만, 한편으로는 남이 겪은 온갖 감정적 사건이 생생히 묘사된 멋진 이야기도 필요하다. 동화가 그렇다. 그 속의 주인공들은 성공과 실패를 맛보고, 아주 나쁜 일과 아주 좋은 일을 겪는다. 죽음에서 돈벼락까지. 이 모든 것이 살아 있는 동화는 아이들에게는 정말 멋진 세계다. 왜냐하면 아이들은 상상을 통해, 또는 머릿속 경험을 통해 실제 일어난 일처럼 감정적 체험을 하기 때문이다.

그것도 자기가 직접 겪는 것처럼 말이다. 이런 이야기들을 통해 아이들은 감정을 일으키고 분류하고 다루는 법을 배워 나간다.

감정 말하기

우리는 안다. 자신의 감정을 말로 표현할 수 있는 사람은 감정을 더 잘 장악한다는 것을. 또한 어릴 때 남의 감정이 표현된 책을 읽은 사람은 나중에 자신의 감정을 더 잘 다스릴 줄 안다는 것을. 그렇다면 동화와 옛이야기, 그림책은 아이들의 발달 과정에 아주 중요할 수밖에 없다. 특히 취학 전 아동에게 그런 책은 없어서는 안 되고, 다른 어떤 것으로도 대체가 안 된다. 혹시 전자 매체로는 대체되지 않을까 생각하는 부모도 있겠지만, 그것은 더더욱 안 될 말이다. 전자 게임에는 아이들이 감정을 나누고 공감할 인간이 존재하지 않는다. 그 속에서 아이들이 만나는 건 실제 인간의 특성이 정교하게 반영되어 있지 않은 가상의 캐릭터뿐이다.

이 시기에 아이들의 사고는 어떻게 발달할까? 우리는 어떤 변화를 관찰할 수 있을까? 이를 잘 보여 주는 예가 있다. '헨젤과 그레텔' 이야기가 바로 그것이다. 우선 서너 살 아이에게 이 이야기를 들려준다. 헨젤과 그레텔은 마녀의 집으로 간다. 날은 춥고 캄캄하다. 아이들은 추위와 어둠을 피해 안전한 곳으로 들어가려고 한다. 두 아이가 노크를 한다. 순간 마녀가 집에서 나온다. 마녀는 품에 안은 고양이를 사랑스럽게 어루만진다. 이때 다른 상황을 집어넣어 보라. 집에서 나온 사람이 할머니이고, 할머니 품에도 고양이가 안겨 있다. 그런데 할머니는 고양이를 거칠게 움켜쥐고 있다. 이제 이야기를 듣던 아이에게 질문을 던진다.

"너는 누구 집으로 가겠니? 마녀 집이니, 할머니 집이니?"

아이는 한 치의 망설임 없이 할머니 집으로 가겠다고 대답할 것이다. 마녀를 따라 들어가서는 안 되기 때문이다. 마녀는 나쁜 사람이다. 서너 살 아이는 그걸 안다.

자, 이제 같은 이야기를 여섯 살 아이에게 들려준 다음 묻는다.

"너는 누구한테 가겠니? 할머니니, 마녀니?"

여섯 살 아이는 사람을 단순히 할머니와 마녀로만 구분하지 않는다. 할머니가 고양이를 거칠게 다루고, 마녀가 고양이를 사랑스럽게 대하는 것을 구분할 줄 안다. 그래서 이렇게 말할 것이다.

"마녀한테 갈래요."

이 시기의 아이들은 한층 넓은 시야로 어떤 결정을 내린다. 그로써 할머니의 생각이나 마녀의 생각도 어느 정도 읽을 수 있다.

제3장 _ 부모가 모르는 아이의 세상

물론 그러려면 전두엽의 발달이 필수적이다.

타인은 다른 존재다

아이들은 타인이 나와 다른 존재이고, 아는 것도 나와 다르다는 사실을 언제 이해할까? 이와 관련해서 한 유명한 심리 실험이 이루어졌다. 이때 심리학자들이 사용한 기법은 '마인드 이론(Theory of mind)'이다. 이것은 타인의 의식 과정을 파악하고 자신의 것과 비교하는 능력을 살펴보는 이론이다. 타인과 내가 다르다는 것을 감지하는 능력은 대략 네 살 때 처음 생긴다. 이전의 아이들은 사람마다 아는 것이 다를 수 있음을 일반적으로 이해하지 못한다. 마인드 이론에 따른 실험에 쓰인 도구는 좋은 인형과 나쁜 인형이다. 실험 참가자는 세 살 반 된 이리나와 다섯 살 반 된 한나이고, 실험 주관자는 아빠 요하네스다.

요하네스는 두 인형을 보여주며 이야기한다.

"이건 왕비이고, 이건 백설공주야. 왕비는 못됐어. 백설공주는 착하고. 두 사람한테 초콜릿을 하나씩 나누어줬어. 백설공주와 왕비가 말했어. '초콜릿을 어떡할까? 어디다 놔두지?' 백설공주

우유보다 뇌과학

는 초콜릿을 집어 장식장에 넣어두었어. 그러고는 장식장을 닫고 정원으로 나갔어. 왕비는 백설공주가 어디로 가는지 유심히 지켜보았어. 그러다 공주가 정원에 있는 것을 확인하고는 이렇게 생각했어. '좋은 기회다. 장식장에서 초콜릿을 꺼내야겠어!' 왕비는 장식장으로 가서 초콜릿을 꺼낸 다음 다시 문을 닫았어. 그러고는 초콜릿을 침대 밑에 숨겼어. 얼마 뒤 백설공주가 돌아와서 말했어. '자, 이제 초콜릿을 맛있게 먹어볼까!'"

요하네스가 딸 이리나에게 묻는다.

"백설공주는 초콜릿을 찾으러 어디로 갈까? 초콜릿을 놔둔 장식장으로?"

이리나가 답한다.

"침대 밑에요."

"백설공주가 침대 밑에서 초콜릿을 찾는다고? 초콜릿은 장식장에 있잖아. 근데 어떻게 침대 밑에서 초콜릿이 찾아?"

"왕비가 초콜릿을 침대 밑에 숨겼으니까요."

"왕비가 초콜릿을 숨기는 걸 백설공주가 봤을까?"

"아뇨."

세 살 반 된 이리나는 태연하게 아니라고 답한다. 백설공주가 자신과 다른 존재라는 걸 이해하지 못하는 것이다. 물론 몇 달만

지나면 확 바뀔 것이다.

이번에는 두 살 많은 언니 한나와 동일한 실험을 했는데, 동생과는 완전히 달랐다. 요하네스는 같은 이야기를 반복하면서 한나에게도 백설공주가 초콜릿을 찾으러 어디로 갈지 묻는다. 이 물음에 어린 이리나가 불쑥 끼어든다.

"침대 밑에요."

한나는 싱긋 웃으며 잠깐 생각하더니 영리하게 동생을 거든다.

"그래, 맞아. 백설공주는 왕비가 초콜릿을 숨기는 걸 창문으로 본 거야. 그래서 침대 밑에서 초콜릿을 찾아."

두 번째 예는 아이들의 도덕 발달과 관련된 것이다. 먼저 동물병원 대기실을 떠올려보라. 한 여자아이가 카나리아를 데리고 들어온다. 새는 안타깝게도 더 이상 노래를 부르지 못한다. 잠시 후다른 여자아이가 개를 데리고 들어온다. 개는 교통사고를 당해 피를 흘리고 있다. 그때 간호사가 나타나서 말한다.

"다음 손님!"

세 살 난 아이라면 일반적으로 이렇게 말할 것이다.

"카나리아 차례예요!"

먼저 왔기 때문에 먼저 진료를 받을 권리가 있다는 것이다. 하지만 여섯 살 아이는 다르게 답할 것이다.

"개를 먼저 치료받게 해주세요. 카나리아보다 더 급해요."

이런 반응이 의미하는 것은 무엇일까. 이 시기에는 도덕과 함께 공감 능력, 즉 타인의 처지에 대한 이해 능력도 발달한다. 이는 인간이 공동체 속에서 살아가기 위해 정말 꼭 필요한 발달 단계다. 이때 중요한 것은 이러한 공감 능력이 훈련이나 학습을 통해서가 아니라 아이의 내면에서 자연스럽게 발달한다는 사실이다.

발달 이정표

학습은 놀이이고, 놀이는 학습이다. 세 살 아이에게나 여섯 살 아이에게나 마찬가지다. 서너 살 아이들은 예전보다 주변 환경을 더 유심히 관찰한다. 물에 돌을 던진 뒤 그 파장을 관찰하는 아이는 그런 식으로 미리 생각하는 법을 배운다. 어떤 일을 예견하고, 계획하고, 그런 다음 지난 사건과의 관련성을 만들어낸다. 뇌는 이제 아이가 자기 삶에서 과거의 사건을 기억할 수 있을 만큼 발달하고, 대략 네 살이 되면 자신의 삶에 대한 기억이 시작된다.

대여섯 살이 되면 인지적 발달은 폭발적으로 이루어진다. 부모는 이 나이의 아이들에게 좋은 학습 분위기를 조성함으로써 최대한 발달을 장려하고자 한다. 그렇다면 아이가 바닥에서 블록을 갖고 놀 때 텔레비전을 틀지 말라. 창의적 활동을 북돋워야지 아이를 수동적인 소비 행위로 이끌면 안 된다. 그리고 아이가 스스로 경험을 쌓고, 그로써 자신감이 생기게 하라. 어렵고 힘든 목표를 세우게 하라는 말이 아니라 일상의 자잘한 일에서 경험을 쌓게 하라는 말이다. 아이들은 집안일을 돕기 좋아하고, 엄마나 아빠가 하는 일을 따라하고 싶어 한다. 아이들이 무슨 일을 하면 일단 지켜보아야 하고, 필요할 때만 도와주라. 아이는 가능한 한 스스로 문제를 해결하는 법을 배워야 한다. 그래야 전략을 짤 줄 알고, 좌절과 실패를 이겨내는 법을 배운다. 아이들이 어떤 일을 해내면 그 결과와 노력을 칭찬하라. 다만 보상을 주지는 말아야 한다. 도달한 목표 자체가 보상이 되어야 한다.

최상의 학습은 잘 노는 것
_ 새로운 교육 모델

사람들은 대개 놀이라고 하면 시험적 행동이나 흉내 내기, 또는 놀이를 통한 학습을 떠올린다. 그런데 뇌 연구자는 다른 논거를 제시한다. 놀이는 아이의 뇌 발달에 무척 중요하다. 동물 연구에 따르면 뇌 발달에서는 사회적 상호작용, 특히 함께 미친 듯이 뛰놀고 엉겨 붙어 싸우는 것이 상당한 도움이 되는 것으로 확인되었다. 새끼 곰들을 떠올려보라. 녀석들은 쉴 새 없이 함께 무언가를 한다. 서로 밀치고 때리고, 뒤엉켜 풀밭을 데굴데굴 구른다. 이는 새끼들의 전형적인 행동으로 성장에 꼭 필요하다. 녀석들은 괜히 시간을 낭비하는 것이 아니다. 또한 딱히 할 일이 없거나 아직 위험한 적을 만나지 못해서 그런 행동을 하는 것도 아니다. 이들이 그렇게 하는 데는 다른 이유가 있다. 놀이를 통해 성장 인자, 그러니까 신경세포 성장을 촉진하고 신경세포의 전문화를 돕는 물질이 활성화하기 때문이다. 이러한 성장 인자는 놀이를 통해 동물의 뇌에서 강하게 생성된다. 그 결과 신경세포는 더 빨리 자라고, 더 많이 연결된다. 그와 함께 학습에 필요한 하드웨어가 생성되고, 이어 다음에 무엇을 배우건 새로운 내용을 가공하고 자기 속으로 신속하게 빨아들이는 것이 가능해진다.

그렇게 본다면 인간 아이들이 모래밭에서 껑충껑충 뛰고 미친 듯이 뛰어다니고 서로 옥신각신하는 것도 정확히 자연이 요구한 행동이다. 자연이 그런 프로그램을 아이들 뇌 속에 장착시켜놓은 것이다. 아이들의 이런 행동으로 뇌에서는 학습의 토대를 이루는 하드웨어가 생겨난다. 앞으로 좀 더 어렵고 흥미롭고, 궁금한 상황에서 성공적으로 학습이 이루어지게 하는 하드웨어다. 학습과는 상관이 없어 보이는 태도나 행동도 사실 학습과 연결되어 있을 때가 많다. 예를 들어 무언가 방금 재미있는 것을 보고 난 뒤에 아이들이 꾸벅꾸벅 존다든지, 아니면 멍하니 허공을 바라보는 것이 그렇다. 오늘날 우리는 그런 행동이 방금 배운 것을 뇌에서 가공 처리하고, 그로써 견고하게 하는 과정임을 안다.

인간에게 지속적으로 작전 타임이 필요하다는 것은 많은 연구로 증명되었다. 특히 많은 것을 배우고 난 뒤에는 더욱 그렇다. 당신의 아이가 혹시 미친 듯이 뛰어다니거나 우두커니 앉아 있으면 성장 과정에 맞는 아주 정상적인 행동을 하고 있다고 생각하라. 아이들은 자연이 설계한 대로 본능적으로 행동할 뿐이다. 그 모든 활동들은 학습을 촉진한다.

새로운 학습 구상

이 연령대에서 놀이와 학습은 엄격하게 분리할 수 없다. 아이들은 놀면서 많은 것을 배우고, 많은 학습이 노는 과정에서 이루어진다. 두 영역은 서로 연결되어 있다. 스위스 교육 당국은 지금까지 알려진 뇌 발달, 특히 전두엽에 관한 지식을 토대로 심리학자, 사회학자, 신경학자의 권고에 따라 놀이가 이루어지는 유치원과 학습이 이루어지는 학교 간의 엄격한 분리를 폐지하는 방안에 대한 구상을 밝혔고, 얼마 안 가서 실제로 시행했다.

일단 취학 연령을 좀 더 유연하게 조정하기 위해 아이들은 개인별 발달 상황에 따라 학교에 2년 일찍 들어갈 수도 있고, 2년 늦게

갈 수도 있게 되었다. 만으로 여섯 살에 의무적으로 입학하는 대신 네 살에서 여덟 살까지 자유롭게 입학을 허용한 것이다. 그래서 '취학'이라는 말 대신 '기초 단계'라는 말이 의도적으로 사용되었다.

두 번째 목표는 학년을 '일정한 동년배 집단'으로 묶지 말고, 네 살부터 여덟 살까지의 아이들로 다양하게 섞자는 것이다. 나이가 다른 아이들이 모여 있으면 각자의 세계를 나눌 수 있다. 세 번째 목표는 개인별로 상이한 능력과 의욕에 따라 놀이에서 학습으로 넘어가는 과정을 상시적으로 가능하게 하자는 것이다. 그러려면 학습 과정은 개별화되어야 하고, 학습과 놀이의 엄격한 분리가 융통성 있게 조정되어야 한다.

사실 이러한 구상은 비용이 많이 든다. 학생별로 개인 학습이 가능하려면 학급에 교사가 두 명 필요하다. 또한 이러한 개별 학습을 시행했을 때 상급 학교[*] 진학 조건을 어떻게 충족할지는 좀 더 정확히 규정되어야 할 부분이다. 어쨌든 이런 부분은 제쳐 두고 나는 아이들의 뇌 발달과 행동에 관심이 많은 의사로서 이 구상에 전적으로 찬성한다. 현실에도 맞다. 게다가 이 시스템은 아

---

[*] 독일은 초등 4학년이 끝나면 인문계 중등학교와 실업계 학교로 진학이 갈린다.

우유보다 뇌과학

이의 개성을 존중할 뿐 아니라 시행 과정에서 유연성을 발휘할 여지도 충분하다. 나는 이 제도가 더 많은 학교에서 시행되길 고대한다.

독일에서도 유치원과 초등학교를 통합하려는 노력들이 있다. 그러나 그런 전환이 너무 급작스럽게 이루어져서는 안 된다. 아이들이 어느 날 갑자기 완전히 다른 상황과 맞닥뜨리거나 완전히 다르게 다루어져서는 안 되기 때문이다. 취학과 함께 삶의 진지함이 시작된다. 그러나 진지함보다는 삶의 재미가 아이들에게 한결 더 적합해 보인다.

독일에서 이런 교육 모델을 처음 실시한 지방자치단체는 바덴-뷔르템베르크 주다. 바로 '교육하우스 3~10'이라는 이름의 모델이다. 3~10세 아이들이 함께 다니는 이 교육하우스에서는 2007년부터 유아 교육과 초등학교 교육의 새로운 통합 모델이 과학적 프로그램에 따라 시범적으로 실시되고 있다. 주 당국은 초등학교와 유치원 관계자들에게 이 프로젝트의 자발적인 참여를 권유했다. 일괄적으로 지시를 내릴 수는 없었다. 그리 되면 해결해야 할 복잡한 문제들이 너무 많았기 때문이다.

교육하우스에서는 유치원생과 초등학생이 함께 놀고 배울 수 있는 기회를 제공한다. 유치원생은 시간별로 초등학교에 다닌

제3장 _ 부모가 모르는 아이의 세상

다. 초등학교 1학년과 유치원 졸업반에게 공통으로 가르칠 학습 내용은 유치원과 초등학교 교사들이 함께 만든다. 이것들은 모두 가능한 일이고, 시범적으로 실시되고 있다. 목표는 개인적인 성향과 욕구에 따라 모든 아이의 성장과 발달을 장기적으로 촉진하는 것이다.

정해진 입학식에 수백 명이 동시에 학교에 들어가서 같은 수업을 받는 것은 일부 아이들에게나 바람직할지 모른다. 많은 아이들에게 그런 일률적인 방식은 오히려 해를 끼친다. 몇몇 앞선 아이들은 1년 내내 학교 수업을 지루해할 수 있다. 1학년 과정에서 배우는 내용을 모두 알고 있기 때문이다. 반면에 다른 아이들은 개인 능력상 아직 감당할 수 없는 학습 내용 때문에 스트레스를 받는다. 그렇다면 현재 제기되고 있는 여러 새로운 교육 모델을 열린 시각으로 바라볼 필요가 있다. 물론 관건은 새로운 시스템의 개발이 아니다. 주어진 여러 가능성을 토대로 제대로 대처하는 것이 중요하다. 그러니까 아이들 입장에서 아이들의 욕구에 맞게 생각해야 한다. 아이들에게 맞추다 보면 제대로 된 새로운 시스템이 만들어질 것이다.

인격 발달의 열쇠
_ 공감 능력의 확장

이런 질문을 자주 받는다. 여자아이와 남자아이는 태어날 때부터 다를까, 아니면 살아가면서 사회 규범을 통해 차이를 배울까? 실험으로 밝혀진 사실은 다음과 같다. 두 살 미만의 여자아이와 남자아이는 행동 면에서 별반 차이를 보이지 않는다. 남자아이도 인형을 좋아하고, 여자아이도 자동차를 좋아할 수 있다. 물론 부모가 시킨 것도 아닌데 남자아이가 유독 자동차를 좋아하고, 인형보다 자동차를 갖고 놀 때 훨씬 즐거워하는 일도 얼마든지 가능하다. 따라서 그것을 명확하게 구분 짓기는 매우 어렵다. 그럼에도 분명한 사실이 있다. 두 살 이후부터는 대개 명확한 차이가 드러난다는 것이다. 그 차이는 대부분 부모와 조부모, 이모, 놀이 친구들에 의해 좌우된다.

성적 정체성의 문제는 인격 형성의 문제와 비슷하다. 유전적 요인이 있고, 모태에서 습득한 특성이 있고, 마지막으로 출생 후 아이에게 영향을 미친 문화가 있다. 이 문화 덕분에 나중에 아이는 역할을 연습하고 떠맡을 수 있다.

한편 원숭이 실험을 통해 성별에 따라 특별히 좋아하는 장난감 유형이 있다는 사실이 밝혀지기도 했다. 믿기 어려울지 모르지만 사실이다. 어린 원숭이들에게 인형과 자동차, 공, 냄비를 나누어 주었다. 수컷 새끼들은 인형과 냄비보다 자동차와 공을 많이 갖고 놀았고, 암컷 새끼들은 정반대 성향을 보였다. 이를 확인한 인간학자들은 성적인 면에서 중립이라 할 수 있는 통제 장난감을 투입했다. 그러자 새끼들은 성별에 상관없이 비슷한 강도로 이 장난감을 갖고 놀았다.

이를 통해 볼 때 특정 장난감에 대한 선호도는 생물학적 인자에 달려 있을 가능성이 매우 높다. 남자아이들은 무언가 소리가 나고, 움직이고, 빠르게 내달리는 것을 좋아하고, 여자아이들은 사교적이고 음식과 관련된 것을 좋아한다. 이런 성향은 다른 종에도 유전적으로 나타난다.

인간도 마찬가지다. 엄마들은 남자아이에게 주로 파란색 옷을, 여자아이에게는 빨간색 옷을 입힌다. 언뜻 보면 아무 생각 없이 우연히 그렇게 하는 것처럼 보이지만 과연 그럴까? 적록색맹은 남자에게 7퍼센트 정도 나타난다. 이런 시각적 이상이 있는 사람에게는 적색과 녹색이 똑같이 보인다. 그래서 두 색깔을 구분하지 못한다. 이 질병은 남성에게 국한되고, 여자에게는 일반적으로 적록색맹이 나타나지 않는다. 그래서 남자아이가 명확하게 알아볼 수 있는 한 가지 색을 골라야 한다면 빨간색보다 파란색이 낫다. 반면에 여자아이들은 얼마든지 빨간색 계통의 옷을 입을 수 있고, 이 색을 늘 자신의 색깔로 인식하게 된다. 그렇다면 이런 색깔 선택은 단순히 자의적이라기보다 생물학적 과정에 대한 적응일지도 모른다.

부모의 역할

아이는 가치를 어떻게 발전시킬까? 어떤 일에 대해서 그것이 자신에게 중요한 문제인지, 만일 중요한 문제일 경우에 자신의 모든 것을 동원해 그것을 지켜야 할지 말지는 어떻게 결정할까?

제3장 _ 부모가 모르는 아이의 세상

이 과정에서 탁아 시설은 어떤 역할을 할까? 유치원은? 또한 놀이 친구와 가족은 아이들의 발달에 어떤 영향을 끼칠까?

몇몇 연구 결과, 아이들이 가치를 발전시키는 데는 뭐니 뭐니 해도 부모의 역할이 무척 큰 것으로 증명되었다. 결국 아이들의 발달에 결정적인 영향을 끼치는 곳은 가정이다. 긍정적으로든 부정적으로든 말이다. 어린이집과 유치원, 학교 같은 기관도 중요하지만, 부모만큼 중요하지는 않다. 부모는 아이의 근본 성격에 영향을 준다. 아이의 인격에, 아이의 기본 가치 형성에 영향력을 행사한다.

아이들은 부모로부터 갖가지 문제를 어떻게 다루는지 배운다. 또한 남들과 어떻게 관계하는지, 상이한 상황들에 어떤 중요성을 부여해야 하는지도 배운다.

예를 들면 '이게 더 좋아', '그건 안 좋아', '이건 잘한 거야', '그건 잘못된 거야.' 하는 식이다. 아이들이 이런 것을 충분히 보고 경험한 뒤에는 부모의 방식을 그대로 따라 한다.

아이들은 소꿉놀이를 하고, 엄마 아빠 역할 놀이를 한다. 나중에는 학교 놀이도 한다. 이 모든 놀이를 하면서 자신이 이미 아는 것을 되풀이해서 확인하고 내재화한다. 그로써 자신이 아는 것은 내면에서 더욱 공고해지고, 반복되는 새로운 경험 속에서 뿌리를

우유보다 뇌과학

내린다. 이런 개별 판단과 개별 결정들이 모여 마지막에 가치로 저장된다. 삶으로 체득한 가치 판단이다. 이것을 배우는 과정은 언어를 배우는 과정과 비슷하다. 단순히 그렇게 함으로써 자동으로 배운다는 말이다.

우리는 문법을 암기함으로써 말을 배우는 것이 아니다. 가치 판단도 윤리적 규범이나 성경, 또는 그 비슷한 것을 외움으로써 배우는 것이 아니다. 우리가 하나의 언어 공동체에서 성장함으로써 언어를 배우듯 하나의 가치 공동체에서 성장함으로써 가치를 판단할 줄 알게 된다. 우리는 많은 예를 통해서 특정 가치들을 보편적 가치로 받아들이고, 나중에 그에 맞게 행동한다. 중요한 것은 그것을 위해 이미 충분한 예들이 있었고, 그것을 시범적으로 보여준 사람들이 있었다는 점이다. 그들은 아이들과 함께 어떤 일의 가치를 판단하고 결정을 내린 사람들이다. 이런 조건들이 충족되었을 때 차마 다른 식으로는 행동할 수가 없어서 옳은 것을 행하는 사람이 생겨난다. 우리는 바로 그런 사람이 되기를 원한다.

발달 이정표

아이가 한 살 한 살 커갈수록 사회적 환경의 범위는 더 넓어진다. 그때부터는 어떤 집단에 들어가 그곳에서의 관계를 통해 배운다. 네 살 아이는 남의 감정을 읽고, 남의 감정으로 들어갈 수 있다. 타인의 생각과 자신과 생각이 다르다는 것도 이해한다. 그와 함께 생애 처음으로 우정이나 애정 같은 진정한 감정적 교류가 생겨난다.

대여섯 살에는 공감 능력이 더욱 확장되어 부당한 감정을 인지한다. 또한 남들과 비교하기 시작한다. '나는 너보다 힘이 세. 네 옷이 내 것보다 예뻐.' 아이는 이 세상에 다름이 있음을 이해한다. 예를 들어 세계를 보는 다른 관점이 있고, 다른 사고방식이 있고, 다른 문화가 있음을 안다. 이러한 이해를 토대로 경우에 따라서는 동화처럼 실제 현실과 아무 상관 없는 이야기가 있는 것도 알게 된다. 그 말은 곧 다른 사람들에게 그럴듯한 이야기를 꾸며댈 수도 있게 되었다는 뜻이다. 게다가 이제는 농담과 비꼬는 말도 어느 정도 알아차린다.

우유보다 뇌과학

행복과 운동의 비밀
_ 뇌 속의 이웃사촌들

생후 2년 동안 아이는 이동을 위한 초보적인 방법을 배우고 나름의 요령을 익힌다. 좀 더 나이가 들면, 그러니까 3~6세에는 어떤 일이 벌어질까? 이는 한눈에 바로 드러난다. 그전까지 아장아장, 또는 작은 걸음으로 총총 걷던 아이가 이젠 제법 어른처럼 박자에 맞춰 제대로 걷는다. 그와 함께 어딘가로 가고 싶은 강렬한 충동이 솟구친다. 그래서 누가 뭐라 하건 상관없이 이리저리 마구 돌아다닌다. 아주 멋진 일이다. 그런 과정에서 아이는 스스로의 보행법을 개선하고, 좀 더 정확하고 안전하게 걸을 수 있는 방법을 수시로 개발한다. 이때 중요한 것은 그로써 세계가 점점 넓어진다는 것이다. 이제 아이는 한 번도 가보지 못한 곳에 가고, 한 번도 보지 못한 것을 보고, 한 번도 만나지 못한 사람들을 만난다. 삶의 엄청난 확장이다.

　이제 아이는 자전거도 탄다. 처음에는 페달을 무시하고 발을 바닥에 대고 민다. 그런데도 별 어려움 없이 앞으로 잘 나아간다. 신경계의 이런 작용으로 다음 세 가지 요소가 특히 발달한다. 첫째, 좀 더 안정적인 걸음을 보장하는 균형 감각. 둘째, 움직임을 목표에 맞게 실행시키는 근육 힘의 적절한 조정. 셋째, 근육에 대한 뇌의 통제다. 뇌가 근육에 계속 명령을 내린다는 말이다. 이 세 가지 조건이 충족되면 아이는 생후 3년째부터 훨씬 안전하게 움직일 수 있다. 그렇다면 이런 움직임의 개선에 도움이 되는 것은 무엇일까? 간단하다. 아이에게 최대한 많이 움직일 기회, 그것도 좀 더 안정적으로 움직일 기회를 주는 것이다. 또한 이동 방법의 여러 가능성을 경험하게 하는 것도 도움이 된다. 예를 들면 자전거, 수영, 스키 같은 종목들을 통해서 말이다. 이런 활동들은 리듬에 맞춰 몸을 움직이는 능력을 발달시킨다. 팔다리만 움직이는 것이 아니라 온몸이 투입된다. 이로써 근육의 협력 작업이 안정화된다. 뇌에서 근육을 거쳐 신경에 이르는 연결망이 좀 더 정밀해지고 빨라지는 데도 도움이 된다. 이제 신경세포는 '미엘린'

우유보다 뇌과학

이라는 절연층으로 둘러싸이고, 그 덕분에 실행 속도는 획기적으로 빨라진다.

그 밖에 소뇌가 이 모든 과정의 통제에 책임을 진다는 점도 중요하다. 우리 몸의 움직임은 어떻게 실행되고 조정될까? 이 과정이 순탄하게 이루어지려면 소뇌의 강한 개입이 필요하다. 그런데 소뇌는 단순히 통제만 하는 것이 아니라 필요한 경우 그 경로를 수정하기도 한다. 좌측과 우측의 대뇌반구도 예전보다 수행력이 좀 더 높아지고, 좀 더 긴밀한 협력 체제를 갖춘다. 뇌 중심에 있는 작은 조직체인 대뇌기저핵(basal ganglia)의 역할도 잊어선 안 된다. 자동적인 움직임의 실행에 중요한 이 조직체 역시 움직임 과정에 관여한다. 대뇌기저핵에는 한 가지 특성이 더 있다. 아이가 몸을 움직이면서 만족감과 즐거움을 느끼는 것은 이 조직체 덕분이다.

행복과 운동은 뇌 속에서 옆에 붙어 있다

운동과 가치 판단을 관장하는 영역은 뇌 속에 나란히 붙어 있다. 특히 운동과 긍정적 가치 판단이 그렇다. 여기에는 긍정적인 감정도 포함된다. 그렇다면 이렇게 말할 수도 있겠다. 운동과 행복은 뇌 속의 이웃사촌이라고 말이다. 일부 신경세포는 뇌 속 깊숙한 곳, 즉 중간뇌에 존재하는데, 이 세포들은 '도파민(dopamine)'이라는 신호 전달 물질을 만들어낸다. 한편으로 도파민은 운동을 담당하는 대뇌기저핵, 그러니까 모든 운동 프로그램을 관할하는 신경세포들의 특정 집합체로 흘러든다. 그를 통해 달리고, 쥐고, 잡는 것이 원만하게 이루어진다. 신경세포의 감소와 함께 발생하는 파킨슨병에 걸리면 이 시스템이 더 이상 제대로 작동하지 않는다. 그래서 몸이 떨리고 근육이 경직된다.

다른 한편으로 도파민은 대뇌기저핵의 다른 부위로도 흘러 들어간다. 여기서 이 신경 전달 물질은 완전히 다른 기능을 한다. 우리가 무언가를 좋게 여기도록 하는 기능이다. 만일 무언가를 좋게 생각하면 그리로 가고 싶어진다. 달리 말해서, 무언가를 좋게 여기는 것과 움직이는 것은 바짝 붙어 있을 뿐만 아니라 거의 동일하다고 할 수 있다. 그만큼 긴밀하게 연결되어 있다는 의미다. 나는 좋게 여기는 것을 갖고 싶어 하고, 그리로 가고 싶어 한다. 바로 그런 이유로 자연은 좋게 여기는 것과 움직이는 것을 나란히 붙여놓았고, 운동을 하면 우리는 기분이 좋아진다. 또한 행복한 사람이 두 주먹을 불끈 쥐고 펄쩍펄쩍 뛰는 것도 그 때문이다.

행복과 운동은 직접적으로 연결되어 있다. 따라서 운동적 발달에서는 운동학만 중요한 것이 아니다. 운동을 한다는 것은 순수 역학적인 움직임에만 그치지 않는다. 인간의 몸은 믿을 수 없을 만큼 잘 만든 기계이며, 몸의 운동학은 단순한 역학을 훨씬 뛰어넘는다.

음악과 스포츠를 통한 자기 효능감 키우기

아이들은 깡충깡충 뛰는 것을 재미있어한다. 또한 즐거운 일이 있으면 본능적으로 깡충깡충 뛴다. 이 둘은 서로 연결되어 있다. 어른들은 조깅을 한다. 조깅을 싫어하는 사람도 있지만, 대부분의 사람은 일단 뛰고 나면 기분이 좋아진다는 것을 안다. 별게 없어 보이는 조깅조차 하다 보면 멋진 순간들이 있다. 뛰다 보면 새로운 생각이 솟구친다. 조깅은 사람을 창의적으로 만든다. 그건 아이들도 마찬가지다.

아이들은 창의적인 아이디어가 필요한 경영자가 아니다. 지속적으로 새로운 일을 체험하고, 새로운 상황에 적응해야 하는 사람이다. 세상을 아직 모르기 때문이다. 아이들은 흥미진진한 것을 경험하고 싶어 하고, 그런 것들을 향해 가려고 한다. 이런 이유에서 운동과 긍정적 체험, 행복, 학습은 서로 긴밀하게 연결되어 있다. 그렇기 때문에 아이들에게는 여러 형태로 움직일 수 있는 가능성이 필요하다. 어쩌면 약간의 유도가 필요할 수도 있다.

"이리 와서 이거 한번 해보지 않을래? 할 수 있어, 해봐. 넌 앞으로 구를 줄 알아? 한 발로 콩콩 뛸 줄 알아? 뒤로 걷는 건? 평균대에서 두 발을 차례로 발꿈치에 대면서 뒤로 걸을 수 있니?"

요즘은 학교에 다니는데도 평균대에서 뒤로 걷기 같은 조금 어려운 동작을 하지 못하는 아이들이 많다. 다들 말로는 네댓 살만 돼도 그런 움직임을 능숙하게 할 수 있어야 한다고 하면서 말이다. 아이들은 일찍부터 복잡한 구조적 동작을 비롯해 여러 움직임을 숙지할 필요가 있다. 그러려면 부모는 아이들을 수영장에 데려가야 한다. 또한 세발자전거를 태우다가 그게 익숙해지면 두발자전거로 넘어가야 한다.

손가락이나 얼굴 근육 같은 미세 운동은 네댓 살 때부터 악기를 가르침으로써 익힐 수 있다. 거기엔 운동학을 넘어 다른 장점도 있다. 아이들은 악기 다루는 법만 배우는 것이 아니라 열심히 연습하면 더 잘할 수 있다는 자신감도 얻는다. 그것을 배웠다면 정말 중요한 것을 배운 셈이다. 자기 효능감(self efficacy)이 그것이

우유보다 뇌과학

다. '나는 할 수 있어. 노력만 하면 뭐든 잘할 수 있어. 노력은 헛되지 않아.' 이것을 깨달은 아이는 부모 앞에서 자신이 연습한 악기로 정기 공연을 한다. 부모 눈에는 당연히 최고의 공연이다. 실력은 출중하지 않아도 된다. 자신감 하나만으로도 충분하다. 그래서 혼자 듣는 것이 아까워 관객을 초대하고, 그로써 또 다른 어린 연주자들이 생겨난다.

이런 아이들은 나중에 다른 시험에 직면해서도 이렇게 당당하게 말할 것이다.

"나는 할 수 있어. 얼마든지 이겨낼 수 있어. 혼자서도 해낼 수 있어."

아이들이 이때 배우는 가장 중요한 것은 나도 할 수 있다는 자신감이다. 그러려면 자신감을 가질 기회가 필요하다. 이런 기회들은 어떤 것을 연습하면서 생긴다. 음악과 스포츠가 대표적이다. 이 두 영역은 아주 이른 나이부터 가르칠 수 있다. 또한 스스로 연습하는 법을 가르치기에 이만큼 좋은 수단도 없다. 연습하는 법을 연습한다고나 할까?

어쨌든 여러 연구에 따르면 어릴 때부터 일찍 이 두 영역에 참여한 아이들은 나중에 거의 모든 일에서 스포츠나 음악을 하지 않은 아이들보다 낫다고 한다. 게다가 일반 운동과 미세 운동은 정서적 영역에도 상당히 중요한 역할을 하고, 학습에도 아주 중요하다. 우리는 이를 충분히 이용해야 한다.

우유보다 뇌과학

연습이 대가를 만든다
_ 뇌의 발달과 집중

　미세 운동 능력이 발달하고 손놀림까지 개선되면 아이들은 대상을 더 잘 다룰 수 있게 된다. 그로써 자신의 세계에서 더 많은 것을 체험하고, 더 많을 것을 바꿀 가능성이 열린다. 서너 살이 되면 아이들의 뇌는 종이 위에 긁적이는 낙서의 수준에서 서서히 형상을 그리는 수준으로 발달한다. 이제는 최소한 사람을 머리와 발을 가진 존재로는 표현한다. 게다가 잠깐이지만 그림을 그리는 과제에 집중할 수도 있다. 이런 일들이 가능한 이유는 뇌 속의 움직임 통제 센터가 섬세한 차이까지 포착하기 때문이다. 게다가 전두엽은 설계와 실행, 지휘의 폭을 점점 넓혀 나간다. 그래서 대여섯 살이 되면 아이들은 손가락 세 개로 연필이나 색연필을 쥐고 잘 통제하며 그림을 그린다.

　눈과 손의 조정 능력도 한층 발달해서 머리와 발로만 표현되던 인간이 이제는 팔다리를 가진 형상으로 그려진다. 또한 아이들은 나무 블록으로 무언가를 만들기도 한다. 삼차원 구조물까지 말이다. 작은 손으로 집을 짓고, 다리를 만든다. 공작할 능력이 생긴 것이다. 이제는 흥미로운 일을 기획하고 실행하고, 그렇게 나온 결과를 보고 기뻐한다. 예를 들어 목걸이를 만들어 다른 사람에게 선물할 수도 있다. 이런 새로운 능력의 발현에서 정말 중요한 것은 부모들이 아이들의 그런 결과물을 진심으로 칭찬하는 것이다. 또한 부모는 아이들이 하는 일에 관심을 보여야 하고, 새로 시험할 많은 기회를 제공해야 하고, 그다음엔 아이가 차분히 그것을 할 수 있도록 시간을 주어야 하고, 그러면서도 아이에게 너무 많은 것을 요구하지 말아야 한다. 그 밖에 일찍 재능을 보이거나 호기심을 드러내면 악기를 가르쳐도 된다.

　내 경험이 하나 떠오른다. 여섯 살 때였다. 학교에서 샤워 타월을 뜨개질해서 군인들에게 위문품으로 보내기로 했다. 몇 주 동안 생고생을 했지만 내 생각대로 잘되지 않았다. 결국 전교생이 위문품을 보낼 시간이 다가왔고, 며칠 안에 완성을 해야 하는 상

우유보다 뇌과학

황이었다. 선생님이 아직 절반밖에 만들어지지 않은 내 타월을 보시더니 말씀하셨다.

"나머지는 내가 떠줄게."

그러고는 10분 만에 후딱 완성했다. 타월을 보니 내가 만든 부분은 거뭇거뭇했는데, 선생님이 만든 부분은 새하얬다. 그때 나는 알았다. 무엇이든 연습을 해야 하고, 연습하고 훈련하면 일이 한결 쉬워진다는 것을.

이런 과정에서도 뇌가 도움을 준다. 전두엽은 우리에게 생각하고 실행하고 평가할 가능성을 부여한다. 이때 두 개의 대뇌반구가 필요한 정보를 제공한다. 인간은 무엇보다 이러한 뇌의 발달 덕분에 집중할 수 있는 시간이 좀 더 길어진다. 그래서 이제 목표를 설정하고, 목표를 위해 연습하고, 원활한 실행을 통해 목표에 도달할 수 있다. 우리가 연습으로 대가가 될 수 있는 것은 뇌 덕분이다.

• 제4장 •

모든 것이
아이를 만든다

뇌 연구와 학교
_ 7~12세

7~12세 사이에 접어들면 학교에서도 학습이 일어난다. 현실적으로 보면 배움에서 더 이상 재미를 느낄 수 없는 공간이지만, 그와는 상관없이 어쨌든 배우는 것은 재미있어야 한다.

배움에 재미가 따라붙는 이유는 무엇일까? 배움은 호기심에서 출발하고, 호기심으로 추진되기 때문이다. 배움이 호기심에서 출발하고 움직인다면 그건 무언가 새롭고 흥미로운 일이 일어났다는 뜻이다. '호기심(好奇心)'이라는 말에서 이미 드러난다. 호기심은 기이하고 새로운 것에 동하는 마음을 가리킨다. 오늘날의 뇌 연구에 따르면, 뭔가 흥미진진한 일이 일어나면 우리는 이 흥

우유보다 뇌과학

미롭고 새로운 것을 무척 빨리 배운다. 우선 특정한 뇌 영역이 갑자기 활성화하기 시작한다. 그로써 새로운 것은 흥미로운 것으로 인식되고, 아울러 '이것은 배울 만하다'는 가치 평가로 이어진다. 이렇듯 새로운 것은 집중적으로 관찰되고, 연이어 신속하게 가공 처리된다. 그것도 평소보다 훨씬 깊은 곳의 뇌 영역에서.

사실 학교는 삶의 진지함이 아니라 삶의 재미가 더욱 활발하게 움트는 곳이어야 한다. 우리 뇌 속에는 상황에 따라 버튼만 누르면 바로 '학교 모드'나 '놀이 모드'로 변경되는 시스템이 없다. 학교에만 있고 다른 데는 없는 원칙적인 학습 방법도 존재하지 않는다. 다만 배우는 내용만 다를 뿐이다. 우리는 자전거를 배울 수 있고, 외국어를 배울 수 있고, 올바르게 행동하는 법을 배울 수 있고, 나쁘게 행동하는 법도 배울 수 있다. 이 모든 게 가능하다. 이때 핵심은 하나의 방법만 있다는 것이다. 여러 방법이 있는 게 아니다. 놀이 시간이라고 해서 학교와 다른 식으로 배우지 않는다. 내가 강조하는 것이 이것이다. 학교에 있는 시간이든 놀이 시간이든 어떻게 제대로 배우느냐가 중요하다.

아이들은 예닐곱 살에 학교에 들어간다. 취학 전에 했던 놀이를 통한 학습은 좀 더 체계적이고 구조화된 학습으로 대체된다. 이제부터는 교사의 역할이 무척 중요하다. 교사는 세계와 삶의 좀 더 큰 관련성을 아이들이 알아들을 수 있게 전달해야 한다. 또한 아이들이 규칙을 이해하고 따를 수 있도록 이끌어야 한다. 아이들에게 이는 간단한 과제가 아니다. 하지만 그것을 배우는 과정도 아이에게 재미를 준다. 아이는 그를 통해 자신의 세계가 어떻게 확장되고, 어떻게 더 많은 경험을 할 수 있는지를 깨닫기 때문이다. 아이에게는 세계를 좀 더 잘 이해하고 세계 속에서 더 많은 체험을 하는 것이 늘 중요하다.

갑자기 체계적으로 배우다

이전에는 학습이 감각을 통해 이루어졌고, 그 추동력이 직접적인 행동과 그에 대한 직접적인 즐거움이었다면 이제는 좀 더 체계적인 학습이 전면에 떠오른다. 이때 즐거움이 항상 맨 앞자리에 서는 것은 아니다. 어떤 때는 특정한 것을 배워야 하는 필요성이 그 자리를 차지하기도 한다. 이는 아이들에게 새로운 삶의 환경에 대한 강력한 적응을 요구하는 일이다.

그런데 칭찬과 초콜릿, 아름다운 음악, 다정한 눈길만이 아이들에게 즐거움을 주는 것은 아니라는 점이 과학적으로 증명되었

우유보다 뇌과학

다. 무언가를 새롭게 아는 것 자체도 재미를 준다. 내가 무언가를 이해했다는 것은 무언가가 어떤 이치로 움직이고, 어떤 식으로 작동하는지 알게 된다는 것을 의미한다. 예를 들면 이렇다.

'썰물과 밀물은 달과 지구의 인력 및 원심력과 어떤 관련이 있을까?' '특정 수들은 어떻게 그렇게 기발한 방식으로 하나의 집단으로 묶일까?' '도저히 생명이 살 수 없을 것 같은 곳에서 어떻게 생물이 살아남을까?'

이런 것들을 이해했을 때 나는 순간의 깨달음에 무릎을 치며 희열을 느낀다. 사물을 이해하는 과정은 정말 크나큰 즐거움이 될 수 있다. 사물을 분해하고 조립하는 것은 재미있는 일이다. 그렇게 조립한 것이 제대로 작용하면 더 즐겁다. 내가 만든 무언가가 제대로 작동한다는 것은 눈앞의 사물을 제대로 이해한 것이다. 또한 내가 무언가를 분해한 다음 부품 하나하나를 보면서 그것들이 서로 어떻게 맞물려 있는지를 알게 되는 것도 그 사물을 이해한 것이다. 이해는 재미있다. 제대로만 이해한다면 말이다.

그런데 모든 학습이 이해는 아니다. 예를 들어 아이들이 걸음마와 말을 배우는 과정을 보자. 아이들은 걸음마와 언어에 대해 아는 것이 없으면서도 잘 배운다. 그냥 저절로 걷고 말한다. 그러다 보니 시간이 꽤 걸린다. 아이가 두 다리로 서서 걷는 법을 익히

제4장 _ 모든 것이 아이를 만든다

기까지는 최소한 몇 주에서 몇 달이 필요하다. 반면에 어른의 경우 새로운 언어를 상당히 빨리 배운다면(물론 항상 그렇지는 않다) 그건 그 언어에 대한 이해 때문일 수 있다. 어른은 말을 할 때 머릿속에서 일어나는 많은 사건이 자연스럽게 흔적으로 남을 때까지, 그러니까 새로운 언어적 기억 흔적으로 남을 때까지 기다리지 않는다. 대신 이 새로운 언어가 어떤 식으로 작동하는지 고민하고 공부한다. 문장을 분해하고 조합해볼 수도 있다. 이해가 가능한 규칙에 따라서 말이다. 이렇듯 언어에 대한 기본 이해가 갖추어지면 말하기는 저절로 가능해진다.

문제 영역으로서의 학교

기본적으로 학교는 앞에서 언급한 학습 방법을 전달하는 곳이다. 그런데 만일 교사가 아이들에게 어떤 방법을 쓸 것인지만 고민한다면 방향을 잘못 잡았다. 이유는 이렇다. 아이들은 막 유치원을 졸업했고, 지금까지는 기억 흔적이 머릿속에서 바뀌는 방식으로 배웠다. 그러다 보니 학교에서 가르치는 '이해'의 방식에 어려움을 겪는다. 특히 교사를 좋아하지 않으면 더욱더 그렇다. 교

우유보다 뇌과학

사가 무슨 말을 하든 아이가 교사를 좋아하지 않으면 그의 말을 받아들이지 않는다. 아무리 흥미진진한 이야기라고 하더라도 말이다. 그렇게 되면 제대로 된 학습이 이루어질 리 없다.

학자들은 학습을 두 가지로 구분한다. 하나는 '무의식적(암시적) 학습'이고, 다른 하나는 '의식적(명시적) 학습'이다. 무의식적 학습은 별다른 생각 없이 저절로 배우는 것을 말하고, 의식적 학습은 무언가를 의도적으로 이해해서 의식적으로 자기 것으로 만드는 과정을 말한다. 무의식적 학습에서 의식적 학습으로 넘어가는 과정은 그리 간단하지 않다. 우리는 자전거를 무의식적으로 배운다. 그래서 누군가 자전거를 어떻게 타느냐고 물으면 우리는 쉽사리 대답하지 못한다. 반면에 세상에서 제일 높은 산이 에베레스트라는 사실은 의식적으로 배운다. 누가 물으면 우리는 오래 고민할 필요 없이 바로 대답한다. 그건 그저 '사실'일 뿐이다. 예전에 배운 것을 지금도 운 좋게 잊어버리지 않은 것이다. 학교에서는 무의식적 학습과 의식적 학습이 지속적으로 반복해서 일어난다. 달리 표현하자면 연습과 이해의 과정이다. 내 앞에 갑자기 새롭고 흥미로운 일이 나타나면 나는 그것을 연습한다. 배움이 제대로 이루어지려면 이 두 학습 과정의 협력 작업이 순조롭게 이루어져야 한다.

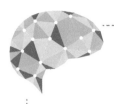

바이올린에 토를 하는 아이
_ 행위의 내적 동기

    기본적으로 아이들은 욕구에 따라 행동한다. 재미있는 일이면 누가 시키지 않아도 알아서 하고, 재미가 없거나 심지어 두려운 일이면 거부한다. 그러니까 아이의 행동은 외부 요인에 의해 좌우된다. 그런데 나이를 한 살 두 살 더 먹어 가면서 아이의 행동에는 내적 동기가 점점 더 크게 작용한다. 자신이 원하는지 원치 않는지에 따라 어떤 행동을 할 수도 있고, 하지 않을 수도 있다는 것이다. 이는 아주 중요한 발달 단계다. 그와 함께 아이는 지시에 따르는 법을 배우기 때문이다. 물론 자발적으로 먼저 행동할 수도 있다. 이제는 배운 것을 사용할 수 있기 때문이다.

예를 하나 들어보자. 초등학교에 입학한 아이들 가운데 학교에서 배운 적이 없는데도 이미 글을 읽고 계산할 줄 아는 아이가 8퍼센트에 이른다고 한다. 이를 어떻게 설명해야 할까? 좀 더 자세히 들여다보면 이 아이들은 세 집단으로 나뉜다. 한 집단은 부모로부터 읽고 계산하는 법을 배운 아이들이다. 이 경우는 어느 정도 강요된 측면이 있다. 두 번째 집단은 연장자인 형제나 자매가 있는 아이들이다. 이들은 언니나 오빠가 공부하는 것을 보며 어깨너머로 배웠다. 게다가 잘 따라하고 싶은 욕심도 있다. 마지막으로 세 번째는 스스로 배운 아이들이다.

이 아이들을 통해 흥미로운 사실이 밝혀졌다. 부모의 개입으로 글과 수학을 배운 첫 번째 집단은 입학한 첫 해에는 다른 아이들보다 우수했지만, 3년 뒤부터는 그런 우위를 점하지 못했다. 차이가 실질적으로 거의 사라졌다. 그 다음으로 형제나 자매를 통해 어깨너머로 배운 아이들은 근소하지만 우위 상태를 유지했다. 반면 혼자서 읽고 계산하는 법을 배운 아이들은 1학년 때부터 줄곧 뚜렷한 우위를 유지했다. 이것이 말해 주는 바는 분명하다. 학습에서는 내적 동기, 즉 자발성이 굉장히 중요하다는 말이다.

피아노 치는 게 재미있을까?

예전에 한 아빠가 찾아와 말했다.

"아들 때문에 고민입니다. 우리 가족은 다들 피아노 치는 걸 좋아하는데, 아들만 별로 좋아하지 않아요. 이해가 안 돼요. 혹시 피아노 교습을 받게 하는 게 도움이 될까요?"

내가 물었다.

"아드님이 얼마나 자주 피아노를 치나요?"

"두 번요."

"하루에 두 번요?"

"아뇨, 아뇨. 일주일에 두 번요."

내가 말했다.

"그렇군요. 제 말 잘 들으세요. 거실에 언제든 칠 수 있게 피아노가 있는데도 아이가 피아노 앞에 앉는 일이 적다면 내적 동기가 없다는 겁니다. 뭔가 끌리는 게 없다는 말이죠. 그런 아이는 피아노 교습을 받아도 의미가 없습니다. 괜히 더 피곤해질 뿐이죠. 대신 부모로서 아이를 유심히 지켜보십시오. 아이는 정말 자신이 좋아하는 일이라면 누가 시키지 않아도 찾아서 하게 돼 있고, 강요되지 않은 일일 때 더욱 즐겁게 배울 수 있습니다."

이쯤에서 개인적인 예를 하나 덧붙이겠다. 우리 큰딸이 어느 날 내 곁으로 오더니 말했다.

"아빠, 기타는 어떻게 치는 거예요?"

기타 치는 내 모습을 보고 호기심이 일었던 모양이다. 물론 그전에 학교에서 기타에 관한 이야기를 듣기도 했다. 나는 대답했다.

"기타를 치는 건 어렵지 않아. 아주 간단해."

당연히 이 말은 터무니없는 소리다. 기타를 제대로 연주하려면 얼마간의 시간과 많은 연습이 필요하기 때문이다. 하지만 어떤 식으로든 이런 놀이를 통한 접근은 행복한 결말로 끝나기 마련이다. 아이는 그냥 놀이로 기타를 치고 싶었던 것이다.

나는 이전에도 많은 사람들에게 기타 연주를 가르쳐주었다. 그래서 나름의 노하우가 있고, 어떤 어려움이 있는지도 안다. 특히 어떻게 시작하고, 이후에는 무엇을 해야 하는지도 안다. 나는 이 모든 것을 딸에게 차분히 이야기해주었다. 아이는 주의 깊게 들었고, 내가 말한 것을 바로 시험해보았다. 놀랍게도 받아들이는 속도가 무척 빨랐다. 말하는 족족 그대로 소화하는 수준이었다. 나중에는 오늘은 그만하라고 했는데도 제 방에서 혼자 연습을 했다. 기타 치는 것이 그냥 재미있었기 때문이다. 몇 주 뒤 딸아이의 기타 솜씨는 연주에 맞춰 노래를 부를 정도로 발전했다. 이제는 가족 모두가 함께 노래를 부를 수 있었다. 이로써 딸아이는 우리 가족 오케스트라의 일원이 되었다. 이는 비단 기타에 국한된 이야기가 아니라 다른 악기들에도 통한다.

"아빠, 나팔은 어떻게 불어요?"

"간단해. 내가 가르쳐줄게."

다행히 집에 악기가 있고, 부모가 그 악기를 잘 다루고 기본 특징까지 설명해줄 수 있다면 호기심 많은 아이들은 악기를 연주하고, 거기서 재미를 느끼는 인간으로 자라난다.

내 친구 중에는 어린 아들에게 바이올린을 억지로 가르친 아버지가 있다. 싫은데도 바이올린을 배워야 했던 아이는 급기야 바이올린에 구토를 했다. 그제야 부모도 아들이 바이올린을 싫어한다는 사실을 알아차렸다. 이후 아이는 바이올린 교습을 그만두었다. 우리집의 둘째 딸도 마찬가지로 바이올린을 배웠지만, 학습의 양상이 완전히 달랐다. 네 살 때로 기억하는데, 아이가 먼저 바이올린을 배우게 해달라고 떼를 썼다. 어찌나 끈질기게 조르던지 결국 우리도 두 손을 들고 바이올린 교습을 받게 했다. 지금도 딸아이는 바이올린을 켜는데, 솜씨가 제법 그럴듯하다.

물론 부모로서 우리가 아이들에게 무언가를 가르쳐야 한다면 반드시 아이들이 배우기를 원해야 한다는 것을 기준으로 삼을 필요는 없다. 하지만 아이들이 자발적으로 무언가를 원한다면 그것은 산을 옮길 수 있을 정도로 학습 효과가 크다. 아이들이 무언가를 하고 싶어 한다면 이미 내적 동기가 충만하다는 뜻이다. 그러면 부모는 아이로부터 어떻게 동기를 불러일으킬지 고민하지 않아도 된다. 사실 그런 고민 자체가 이미 원칙적으로 문제가 좀 있다. 왜냐하면 기본적으로 아이들은 따로 동기를 유발할 필요가 없기 때문이다. 아이들 속에는 자체적으로 생긴 내적 동기들이 충만하다. 아이들은 잠시도 지루해지는 것을 원하지 않고, 끊임없이 무언가를 하고 싶어 한다. 다만 중요한 점은 그것이 적합한 것인가 하는 점이다. 또한 아이가 내적 동기를 마음껏 펼칠 수 있도록 가능성을 열어주는 것도 중요하다. 즉 아이가 하려고 하고, 할 수 있는 것을 도전할 수 있도록 도와야 한다. 그러면 아이는 엄청나게 빠른 속도로 무언가를 배운다.

발달 이정표

아이들은 예닐곱 살이 되면 무언가를 배우는 동기가 획기적으로 바뀐다. 학교에 들어가기 전에는 행동과 직접적인 경험 자체에서 느끼는 즐거움이 주된 학습 동기였다면 이제는 확고한 목표에 따라 움직이는 체계적이고 의도적인 학습이 추가된다. 예를 들어보자. 아이들은 자전거를 무의식적으로 배운다. 부모와 함께 자전거를 타고 야외에서 움직이는 것이 그냥 재미있어서다. 그래서 이 움직임 과정을 수백 번 연습하고 또 연습한다. 수영도 당연히 이런 식으로 배운다. 물속에서 허우적거리면서 말이다. 그런데 학교에 들어가서는 제대로 수영을 하고 싶어 하고, 누가 빨리 헤엄치나 친구들과 경쟁도 하고 싶어 한다. 또한 교사에게 칭찬받고 싶은 마음도 있다. 이로써 아이를 떠미는 목표가 생긴다. 아이는 이제 수영을 할 때 움직임을 물에서 허우적거리면서 무의식적으로만 배우는 것이 아니라 수영 강사의 가르침에 따라 배울 수 있다. 수영 기술을 의도적으로 배우는 것이다. 자유형, 배영, 잠수, 호흡법 같은 것들을 말이다.

좌절은 필요하다
_ 주의력과 자극

　예닐곱 살이 되면 아이들은 두 가지 방식으로 주의력을 키워 나간다. 하나는 무언가를 알고 싶고 무언가를 하고 싶다는 목표에서 출발하는 방법이고, 다른 하나는 즉시 행동으로 옮기고 싶을 만큼 흥미롭고 재미있어 보이는 상황에서 출발하는 방법이다. 첫 번째 방식을 우리는 '톱다운(top-down)', 즉 '하향식'이라 부르는데, 여기서는 하나의 목표에 의해 우리 몸의 시스템이 활성화되면서 주의력이 높아진다. 그래야 목표에 이를 수 있다. 두 번째 방식은 '보텀업(bottom-up)', 즉 '상향식'이다. 상향식의 출발점은 아이들 눈에 무척 재미있을 것으로 기대되는 상황이다.

이런 기대와 함께 아이들은 행동에 나서고 마찬가지로 주의력이 높아진다.

여기 점점 더 많은 연구들로 확인되는 사실이 있다. 상향식이든 하향식이든 아이들이 무언가를 통해 강한 자극을 받고 활기를 띠면 최고의 능률이 나타난다는 것이다. 그와 함께 학습에 굉장히 중요한 주의력이 형성된다.

지금까지는 모두 이론이다. 그렇다면 실제는 어떨까? 예를 하나 들어보자. 네댓 살 아이는 그냥 음악이 좋아 무조건 악기를 배우고 싶어 한다. 실로폰이나 나팔 같은 것들 말이다. 이는 상향식 상황으로서 재미나 즐거움이 전제 조건이다. 그런데 여덟아홉 살이 된 아이의 경우를 보자. 이 아이도 악기를 배우고 싶을 수 있다. 그런데 아이에게는 목표가 있다. 예를 들면 이런 식이다.

"나도 이제 피아노를 칠 수 있어."

이는 하향식이다. 물론 여덟아홉 살 아이도 그냥 음악이 좋아서 피아노를 배우려고 할 수 있지만, 이제는 목표가 생긴다. 악기를 마음껏 잘 다루고 싶은 목표다. 네댓 살 아이는 음악을 듣고 생산하는 것에서 직접적인 즐거움을 느낀다면 여덟 살 아이는 목표에 도달하기 위해 힘을 쏟을 준비가 되어 있다. 심지어 중간에 어려움이 생기면 목표를 달성하지 못할 거라는 생각을 갖기도 한다. 이런 의구심이 들면 부모는 아이를 더욱 낙담시키는 말을 하지 말아야 한다. 오히려 격려하고, 아이가 힘을 내서 좌절을 극복할 수 있도록 도와야 한다. 그래야 아이는 목표에 도달할 수 있고, 이 과정을 거쳐야 즐거움은 배가된다. 다시 말해 열심히 노력하고, 좌절의 순간까지 극복한 뒤에 얻은 성취가 더 큰 기쁨을 준다. 이것이야말로 아이에게 최고의 보상이다. 다른 것은 사실 부수적이다. 어떤 목표에 대해서 앎을 얻고, 아울러 목표를 이루어냈다는 성취감은 중요하다.

아이들에게는 반드시 좌절이 필요하다

예닐곱살 무렵의 아이들에게 '좌절'은 매우 중요하다. 좌절은 아이들의 성장과 발달에 큰 역할을 한다. 그러므로 좌절하지 않는 상황만을 추구하도록 해서는 안 된다. 좌절은 삶의 일부다. 일고여덟 살 아이들에게도 마찬가지다. 관건은 좌절을 극복하는 것이지, 좌절을 피하는 것이 아니다.

아이들을 좌절에 빠뜨려서는 안 된다는 생각은 1920년대 지그문트 프로이트의 발달심리학을 잘못 해석한 것과 어느 정도 뿌리가 닿아 있다. 당시 사람들은 프로이트가 좌절 때문에 신경증이 생긴다고 주장한 것으로 이해했고, 그런 이유로 좌절에 담긴 발달의 근본적인 가능성을 보지 못했다.

좌절에 대한 이러한 해석이 틀렸다는 것은 프로이트의 딸 안나 프로이트가 한 강연을 통해 증명해주었다. 자신의 아버지는 좌절을 극복하지 못할 경우 신경증이 나타난다고 말했다는 것이다. 이것이 부모나 교사에게 시사하는 바는 분명하다. 좌절하는 상황은 피해야 하는 것이 아니라 반드시 있어야 한다. 다만 그 과정에서 좌절을 극복하는 법을 배워야 한다.

이와 관련해서 주목해야 할 측면이 또 하나 있다. 우리는 아이가 일구어낸 '결과'를 칭찬하는 데 익숙해 있다. 예를 들면 이런 식이다.

"잘했어. 정말 멋지게 해냈어! 축하해!"

그런데 아이가 결과를 이루기 위해 쏟았던 노력에 대해서는 별로 관심을 가지지 않을 때가 너무 많다. 노력도 결과만큼이나 중요한데 말이다. 그렇다면 우리는 부모와 교사로서 아이가 들인 그간의 노력을 결과와 상관없이 중요하고 진지하게 받아들여야 한다.

예를 하나 들어보겠다. 두 아이가 교사에게 그림을 제출한다.

한 아이는 그림을 아주 잘 그렸다. 구도, 색상 할 것 없이 모든 점이 훌륭하다. 아이는 멋진 결과에 대해 당연히 칭찬을 받는다. 반면에 다른 아이의 그림은 별로 좋지 않다. 색상도 아름답지 않고, 원근법도 맞지 않다. 하지만 아이는 성실하게 그렸고, 애도 많이 썼다. 첫 번째 아이는 그림을 빨리 끝낸 데 반해 두 번째 아이는 오래 붙들고 앉아 있었다. 그렇다면 이제 교사가 명심해야 할 것이 있다. 첫 번째 아이뿐 아니라 두 번째 아이도 칭찬해야 한다는 것이다. 노력도 결과만큼 중요하기 때문이다. 그림을 원래 잘 못 그리는 아이인데도 성실하게 노력했다면, 다시 말해 과제가 아이에게 어려운 일일수록 더더욱 칭찬을 아끼지 말아야 한다.

공부하면 돈을 주는 부모
_의욕과 자부심

아이의 입장에서 학습은 어려울 때가 상당히 많다. 때로는 아예 흥미와 재미를 잃어버리기도 한다. 그럴 때일수록 부모와 교사의 대처 방법이 중요하다. 어떻게 해야 할까? 어른들은 흔히 이렇게 말한다.

"이제 정신 좀 차려! 어쩌려고 그래! 싫어도 해! 엄마 아빠도 다 그렇게 컸어. 지금도 다르지 않아."

그래, 이렇게 반응할 수 있다. 하지만 난 이런 대처법이 아이에게나 아이의 학습에 도움이 된다고 생각하지 않는다. 대신 이렇게 시도해 보자.

"나도 지금 네가 내키지 않는다는 거 알아. 어쩌면 오늘 기분이 안 좋아서 그럴 수도 있어. 그래도 혹시 모르니까 한번 해보지 않을래?"

예외적인 경우, 정말 예외적인 경우에는 다음과 같은 방법을 쓸 수 있다.

"딱 5분만 바이올린을 연습해보자. 수학 문제 세 개만 더 풀어보자. 그런 다음 우리 같이 산책을 나가는 거야."

중요한 것은 일단 긍정적으로 말해야 한다는 것이다. 다만, 아이에게 제발 영화관이나 비디오 게임, 텔레비전 시청 같은 것을 보상으로 제안하지는 말기를 바란다. 그렇게 되면 아이들은 원래 해서는 안 되는 것들을 학습보다 훨씬 더 중요한 것으로 여기고, 그로써 아이들에게 그런 행위들의 가치만 높일 뿐이다. 부모와 함께 산책을 나가자는 제안은 해도 된다. 만일 아이가 산책 나가는 것이 더 좋다고 생각하면 학습에 좀 더 노력을 기울일 것이다. 대안으로 초콜릿을 제안할 수도 있지만, 이건 정말 예외적인 경우에만 시도해야 한다.

그리고 이보다 더 조심해야 할 것이 있다. 바로 이런 말이다.

"공부하면 엄마가 1유로 줄게."

이런 제안은 사실 종종 효과가 있다. 왜 그럴까? 우리가 아침마다 회사에 출근하는 이유를 생각하면 간단하다. 우리가 회사에 나가는 것은 그에 대한 금전적 대가가 있기 때문이다. 그렇다면 우리를 움직이는 것은 돈이다. 우리만 그런 것이 아니다. 돈은 전 세계적으로 가장 큰 동기 유발 요인이다. 게다가 돈은 어른에게만 통하는 것이 아니라 아이들에게도 통한다. 다만 이런 외재적 동기 유발 요인에는 문제가 있다. 외적 동기로만 움직이는 습관을 들이면 더 이상 우리는 자발적으로 일을 하려 하지 않는다. 원래는 어떤 일을 좋아했던 사람도 그런 대가에 길들여지면 언젠가는 그 일의 가치를 깎아내린다. 그 일에 대한 유일한 보상이 돈이고, 내가 하는 일에는 언제든 보상을 받아야 한다고 생각하기 때문이다. 이런 생각은 쉽게 물든다. 특히 아이들은 그런 생각에 아주 빠르게 스며들어간다. 그래서 한쪽에는 내가 하고 싶은 재미있는 일이 있고, 다른 쪽에는 엄마나 아빠 같은 어른이 그 대가로 돈을 주는 일이 있다면 아이들은 다른 일을 결코 제대로 하지 않을 뿐 아니라 나중에는 돈을 주지 않으면 아예 하려고도 하지 않을 것이다.

이것은 부모가 아이에게 주는 최악의 가르침이다. 아이들은 이제 자기가 하는 일에 대가를 받을 때만, 예를 들면 초콜릿이나 다른 무언가를 받을 때만 학습을 하려고 하기 때문이다. 그렇다면

우유보다 뇌과학

어떤 경우에도 보상이나 대가 같은 외적 동기로 아이의 내적 동기를 몰아내서는 안 된다. 다시 말해 "네가 이것을 하면 나는 너에게 이것을 줄게!"라는 식으로 접근하면 안 된다는 말이다. 계속 이런 미끼만 내걸면 새롭고 흥미로운 것에 대한 아이의 관심은 사라지고 아이의 자발적 학습 분위기는 망가진다. 그러므로 앞서 언급한 몇몇 조언은 오직 예외적인 경우에만 사용해야 한다. 게다가 무언가 굳이 조건을 내걸어야 한다면 아이가 그리 매력적으로 생각하지 않는 것을 내거는 것이 좋다. 이때 중요한 점이 있다. 엄마 아빠는 그것을 좋아한다는 듯이 들뜬 목소리로 말해야 한다는 것이다.

"그럼 넌 우리와 아주 멋진 산책을 나갈 수 있어!"

"그럼 넌 세상에서 둘도 없는 맛있는 사과를 먹을 수 있어!"

아이들은 경우에 따라 사과를 좋아하지 않고 초콜릿을 원할 수도 있지만, 엄마 아빠가 사과를 정말 좋아한다는 것이 느껴지면 아이에게도 어느 정도 전염된다. 그러면 아이는 사과를 보상으로 여길 수 있다.

제4장 _ 모든 것이 아이를 만든다

자부심은 항상 과소평가된다

아이들은 이제 자신이 원해서 배우는 일만 있는 것이 아니라 학습에 있어서 무언가 달콤한 유혹, 예를 들면 사과나 산책 같은 미끼가 있다는 사실도 안다. 이와 관련해서 한 단어를 언급하고 싶다. 우리가 평소에 언급하기 꺼리는 단어인데, 바로 '자부심'이다. 우리는 이 말을 우리 자신과 관련해서 잘 꺼내지 않는다. 타인에 대해서도 마찬가지다. 자부심이 우둔함과 무지에서 나온다고 생각하기 때문이다. 사실 주변에는 터무니없이 무언가에 자부심을 느낀다고 말하는 사람이 많은데, 우리는 그런 사람들을 좋아하지 않는다.

그렇다면 여기서 왜 자부심을 언급할까? 이런 아이를 떠올려보자. 아이는 방금 무언가를 능숙하게 다루는 법을 배웠다. 예컨대 자전거 타는 법을 배웠거나 튜브 없이 수영하는 법을 배웠다. 아이는 스스로 해낸 것이 무척 자랑스럽게 느껴진다. 자부심은 자기 효능감처럼 긍정적인 효과가 있다. 아니, 효과가 더 크다.

"이거 봐, 난 할 수 있어!"

게다가 자부심에는 사회적인 요소도 있다.

"난 방금 공동체에서 나의 가치를 엄청나게 높였어. 나도 이제

우유보다 뇌과학

다른 아이들처럼 혼자 수영할 수 있으니까."

"난 수학 시험에서 우등 점수를 받았어. 우리 반에서 그 점수를 받은 애는 몇 명 안 돼."

우리는 아이들에게서 이런 자부심을 빼앗아서는 안 된다. 아니, 자부심을 더욱 인정하고 적극적으로 맞장구를 쳐줘야 한다. 왜 그럴까? 이와 관련해서 꽤 흥미로운 사실이 밝혀졌다. 이런 상상을 해보자. 당신은 별로 중요하지 않은 테스트를 받는다. 나중에 실험 팀장이 와서 당신에게 말한다.

"정말 잘하셨어요! 솔직히 말해 이제껏 이렇게 잘한 사람은 본 적이 없습니다!"

참고로 덧붙이자면 이 테스트는 참가자 본인이 스스로 얼마나 잘했는지, 못했는지 알 수 없는 시험이다. 그러니까 지능이나 지식 측정과는 아무 상관이 없는 테스트다. 그럼에도 당신은 칭찬을 받았고, 그에 대해 굉장한 자부심을 느낀다. 예를 들어 그것이 청력 테스트라면 당신은 남들보다 청력이 훨씬 뛰어난 것에 자부심을 느낀다. 남들은 거의 인지하지 못하는 소리를 당신은 들었으니까 말이다. 사실 당신은 그 소리가 실제로 얼마나 작았는지 모른다. 다만 어떤 소리는 들렸고, 어떤 소리는 듣지 못했을 뿐이다. 그러니 당신이 실제로 얼마나 잘했는지 본인은 알 수 없다.

그런데 누가 와서 이렇게 말하면 뿌듯할 수밖에 없다.

"대단하세요, 어떻게 그렇게 귀가 좋으세요!"

"정말 눈이 좋으세요. 그 나이에 이렇게 눈이 좋은 분은 처음 봤어요."

이어서 실험 팀장이 당신에게 다가와 지루한 내용이기는 하지만 다른 테스트도 해보지 않겠느냐고 권한다. 중간에 그만두고 싶으시면 언제든 그만둬도 된다고 하면서. 이후 어떤 일이 벌어졌을까? 팀장에게 칭찬을 받은 사람들은 그렇지 않은 사람들보다 이 테스트를 50퍼센트 이상 더 오래 버텼다. 이게 단순히 좋은 기분 때문이 아니라는 것은 통제 실험으로 밝혀졌다. 그러니까 실험자들은 다른 참가자들에게도 이전 테스트가 훌륭했다고 말하고, 이어 재미있는 영상을 보여줌으로써 참가자들의 기분을 살리려고 했다. 실제로 그를 통해 참가자들은 모두 기분이 좋은 상태였다. 그럼에도 그들은 자부심을 느낀 사람들만큼 그렇게 오래 테스트를 이어가지 못했다. 그렇다면 자부심을 느낄 만한 사회적인 칭찬 없이 그저 훌륭했다고만 얘기하는 것은 효과가 없다. 이런 말은 별 효과가 없다는 말이다.

"당신은 100점 만점에 95점을 받았습니다. 이제 우리와 계속 테스트를 해보시죠."

결국 "나는 할 수 있어!"라는 자신감을 불러일으키는 요소는 좋은 기분이나 단순한 분위기가 아니라 바로 자부심이다. 누군가 대견하다는 듯이 아이의 어깨를 툭툭 치면서 말한다.

"아주 멋졌어. 정말 이렇게까지 잘할 줄 몰랐어!"

이런 칭찬은 사실 어른들도 움직인다. 재미없는 일이지만 포기하지 않고 계속 힘차게 밀고 나가게 하는 동력이 된다. 이것이 학습과 무슨 관련이 있을까? 당연히 관련이 있다. 하나의 과제를 해결하려면, 예를 들어 바이올린이나 기타, 피아노로 지루하기 짝이 없는 연습을 통해 하나의 곡을 연주하려면 꿋꿋이 인내하면서 계속 시도해야 하기 때문이다. 그렇다면 "대단해, 어떻게 이렇게 잘하니!" 같은 칭찬을 자주 사용하는 것은 바람직하다. 그런데 여기서도 명심할 것이 있다. 그전에 아이가 무언가를 실제로 잘했거나, 아니면 이대로만 계속하면 충분히 잘할 수 있을 것 같은 생각이 들 때만 이런 칭찬이 먹힌다는 사실이다.

내가 무언가를 잘하지 못했음을 스스로 분명히 아는데도 누군가 나를 과도하게 칭찬하면 그것은 아무런 효과가 없다. 아니, 오히려 역효과가 난다. 아이는 이렇게 생각할 수 있기 때문이다. 내가 아무리 못해도 저렇게 칭찬하는데 잘하려고 애쓸 이유가 있을까? 이 경우 아이는 무엇을 배울까? 노력할 필요가 없다는 것을 배우지 않을까? 그렇다면 무언가를 배우려고 하는 아이들을 상대하는 어른들, 예를 들어 교사들에게는 고도로 섬세한 감각이 필요해 보인다. 간명하게 정리하면 '칭찬은 늘 좋다'는 말은 틀렸다. 다음과 같이 주장은 당치않다.

"외부에서 동기를 제공하는 것은 굉장히 중요하다. 일단 수업에 참여할 동기를 부여해야 하고, 그런 뒤에야 배울 수 있기 때문이다."

게다가 과도한 칭찬은 안 하느니만 못하다. 아이들의 실제 능력과 노력 여부에 주목해야 한다. 그러다 고쳐줄 것이 있으면 고쳐주고, 틈틈이 어깨를 두드려주어야 한다. 그것도 그럴 만한 이유가 있을 때만.

발달 이정표

학교에 들어가서부터 아이들은 비약적으로 발달한다. 이제는 제도에 의해 체계적으로 지식과 문화의 세계로 뛰어든다. 이 연령대에는 뇌 성숙과 발맞추어 기억력과 집중력이 획기적으로 발달한다. 게다가 예전처럼 쉽게 주의력이 흐트러지지도 않는다.

우유보다 뇌과학

이 모든 것은 성공적인 학습을 위한 전제 조건이다.

배움은 항상 경험과 관련이 있다. 우리는 늘 무언가를 보고 듣는다. 이렇게 보고 들은 정보는 뇌에서 처리되는데, 이때 사고 기관은 이미 알고 있는 것과 지금껏 몰랐던 것을 구분한다. 예를 들어 한 아이가 묻는다.

"포유동물은 밤중에 뭐 해요?"

대답은 두 가지다.

"어두워지면 동물은 잠을 자!"

이 대답은 기대한 것과 일치한다. 그로써 기존의 뇌 회로는 강화되고, 알고 있던 지식은 공고해진다. 반면에 다른 대답도 있다.

"어떤 포유류, 예를 들어 박쥐 같은 포유류는 밤중에 사냥을 해."

전혀 예상치 못한 답이다. 그와 함께 새로운 앎이 생겨나고, 뇌에서는 새로운 회로가 만들어진다. 실수도 이런 식으로 훌륭한 학습 기회가 될 수 있다.

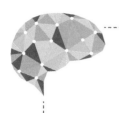

배움의 원리
_ 시냅스 가지치기

부모나 교사는 실수를 단순히 잘못한 것으로 폄하하고 무작정 바로잡으려고 해서는 안 된다. 오히려 아이가 어떻게 그런 실수를 저지르게 되었는지, 왜 그런 의외의 결과에 이르게 되었는지 따져보아야 한다. 실수 속에는 수정을 통해 더욱 강화되는 긍정적 요소가 담겨 있기 때문이다. 즉 아이는 실수를 통해 무언가 새로운 것을 배운다. 학습은 이제 두 가지를 뜻한다. 한편으로는 이미 알고 있는 것을 공고히 하고, 다른 한편으로는 미지의 것을 받아들여 자신의 지식 체계 속에 편입시키는 것이다.

그렇다면 이미 알고 있는 것을 강화하고 새로운 것을 받아들이는 학습이 가능한 이유는 무엇일까? 뇌가 있기 때문이다. 뇌가 우리에게 그럴 가능성을 제공한다. 학습이 가능한 것은 그와 관련된 여러 뇌 영역이 활성화하기 때문이다. 이 몇몇 영역은 점점 더 강하게 연결됨으로써 하나의 뇌 영역에서 다른 뇌 영역으로 직접적인 신경세포 연결망이 형성된다. 왼쪽에서 오른쪽으로, 그리고 위에서 아래로. 뇌 속의 '네트워크'라 부를 수 있는 이 연결망은 자극이 신속하게 전달될 수 있도록 외부와 절연되어 있다. 이로써 개별 영역은 서로 소통하고 협력하고 더욱 강하게 연결된다. 이러한 강력한 연결망 덕분에 연상은 더욱 풍부해지고, 기억력은 좋아진다.

이 케이블망에 또 하나 추가되는 현상이 있다. 우리는 학습이 시냅스 형성과 긴밀하게 연결되어 있음을 안다. 신경세포들 사이에 직접적인 연결이 이루어지면서 배움의 질과 폭은 획기적으로 개선된다. 이는 뇌 영역과 뇌 영역의 연결이 아니라 신경세포와 인접 신경세포와의 연결이다. 그런데 이상한 것은 이런 시냅스가 아이들이 학교에 다닐 때 일정 뇌 영역에서 줄어들기 시작한다는 점이다. 이것을 우리는 '시냅스 가지치기(synaptic pruning)'라고 부르는데, 시냅스 가지치기는 과거에 시냅스가 대폭 증가했던 곳에서 일어난다. 그래서 몇몇 과학자는 뇌 속의 이런 변화를 보면

제4장 _ 모든 것이 아이를 만든다

서 학교 교육이 오히려 아이들의 앎을 파괴하거나 뇌 발달을 망가뜨린다고 생각한다. 하지만 그와 상관없이 학습 과정에서 결정적인 것은 우리에게 필요한 본질적인 연결이 강화된다는 사실이다. 그와 함께 필요 없고 별 의미가 없는 기존의 시냅스는 해체된다. 그렇다면 이 연령대 아이들에게 학습이란 한편으로는 시냅스의 축소 과정이고, 다른 한편으로는 연결망의 증가 과정이다.

뇌의 연결망과 학습
_ 시냅스의 정글

연결망과 시냅스 수 사이의 간단치 않은 관련성은 어쩌면 앞서 언급한 밀림 속의 코끼리로 다시 한 번 설명할 수 있을 듯하다. 코끼리가 밀림을 뚫고 지나가면 흔적이 생긴다. 하지만 그 흔적은 곧 다시 수풀로 무성해진다. 새로운 식물이 그 자리를 무척 빨리 뒤덮기 때문이다. 그런데 다른 코끼리들이 동일한 흔적을 계속 지나다니게 되면 안정된 오솔길이 만들어진다. 이와 비슷하게 뇌의 전기 자극들도 개별 신경세포 사이의 시냅스 연결을 통해 길을 낸다. 자극이 한 신경세포에서 다른 신경세포로 계속 전달되면 이 연결은 더욱 좋아진다. 여러 마리의 코끼리가 동일하게 이용하는 밀림 속의 오솔길처럼 말이다.

그런데 밀림은 그 뒤로도 쉼 없이 무성해진다. 그렇지 않으면 밀림이 아니다. 그렇다면 그 유익한 흔적들은 어떻게 될까? 이것들은 다시 사라진다. 식물과 나무가 흔적을 뒤덮기 때문이다. 우리의 뇌도 그럴까? 만약 그렇다면 예전에 배운 것은 모조리 잊어버릴 수밖에 없다. 이는 몹시 유감스러운 일이며 바람직하지 않다. 어린 한스가 배웠던 것은 나이 든 한스도 알고 있어야 한다. 그러기 위해 우리 뇌는 영리한 장치를 고안했다. 청소년기에 접어들면서 무성함이 감소하게 만들어놓은 것이다. 그것도 다양한 뇌 영역에서 서로 다른 정도로 말이다. 문화는 뇌 속의 어디에 있을까? 명시적으로 말해야 한다면 뇌 전체가 아니라 전두엽에 있다. 시냅스가 전두엽에서 가장 무성하게 생기는 시기는 여덟아홉 살이다. 여기서 흔적이 생기고, 오솔길이 만들어진다. 만일 주위가 콘크리트나 아스팔트가 깔린 것처럼 휑하다면 이 모든 것은 생길 수 없다.

그렇다면 무성함, 즉 생동감 넘치는 움직임은 꼭 필요하다. 그런 다음에야 사용을 통해 추가 구조물이 형성된다. 무성함은 단순히 야생의 무성함에 그치지 않고 일종의 본보기, 즉 특정한 기억 흔적들을 만들어낸다. 이것들은 보존되는데, 복잡하고 문화

우유보다 뇌과학

적인 것일수록 나중에 형성된다. 아기에게는 단순한 흔적이, 초등학교 아이들에게는 복잡한 문화적 흔적이 생겨난다.

얼마 전 독일 학자들의 연구로 밝혀진 사실이 있다. 많이 지나다녀서 생긴 이 길들이 실제로 매우 일찍 만들어지고 보존된다는 것이다. 이것이 뜻하는 바는 분명하다. 우리가 무언가 다른 것을 배운다면 우리 속엔 여러 길이 벌써 만들어져 있고, 이 길들은 즉시 재사용할 수 있다는 것이다. 그래서 새로운 무언가를 다시 배우기 위해 많은 시냅스를 새로 만들 필요가 없다. 그전에 만들어놓은 기억 흔적은 사용하자마자 다시 활기를 띤다.

이는 우리의 시각 기관을 통해 증명되었다. 지금껏 시각 기관과 관련해서 많은 것이 밝혀졌는데, 그 가운데에는 살아 있는 쥐의 시각 기관을 며칠 동안 현미경으로 관찰한 결과도 있다. 그 과정에서 시냅스가 무성히 자라다가 줄어드는 것이 포착되었고, 그와 함께 제대로 학습이 이루어지려면 새로운 것이 얼마나 생성되어야 하는지도 드러났다. 다시 말해 나중에 동일한 것을 다시 배워야 한다면 새로운 것이 생성될 필요는 없다는 것이다. 왜 그럴까? 이미 기존의 것이 존재하기 때문이다. 오래 지났음에도 이 연결망으로 학습은 무척 빨리 이루어졌다.

글자 쓰기

앞서 살펴본 메커니즘을 다른 학습 영역으로 옮겨보자. 자칫 과감한 시도로 보이지만 이보다 나은 아이디어가 있을까? 나는 없다고 생각한다. 인간의 대뇌피질은 '동종 피질(isocortex)'이라고도 불린다. 같은 성질의 소재로 이루어져 있다는 말이다. 게다가 어떤 부위에서 어떤 일을 하건 똑같은 구조로 이루어져 있다. 그렇다면 우리의 시각 기관에서 일어나는 일이 다른 곳에서도 비슷하게 일어나지 않는다고 생각할 이유는 없어 보인다. 우리 함께 상상의 나래를 펼쳐보자.

알파벳 쓰는 법을 배울 때 맨 먼저 중요한 것은 연필을 너무 꽉 쥐지 않은 상태에서 알파벳 필기체, 예를 들면 소문자 'l'을 율동적으로 막힘 없이 써 내려가는 법을 익히는 것이다. 이게 능숙해지면 'l'을 약간 다르게 그릴 수 있다. 그러니까 약간 작게 그릴 수도 있고, 홀쭉하게 그릴 수도 있다. 그 위에 점을 하나 찍으면 'l'이 아니라 'i'처럼 보일 정도로. 심지어 'l'자의 곡선을 반대 방향으로 그릴 수도 있다. 그건 다른 알파벳도 마찬가지다. 밑에서 위로 가는 것이 아니라 왼쪽 위에서 오른쪽 아래로 내려갈 수도 있다. 이렇게 해서 글자가 탄생한다.

이런 식의 내적인 움직임, 그러니까 운동 과정을 이끄는 내면의 조정기가 없으면 글자는 제대로 만들어지지 않는다. 그렇다면 글자 쓰는 법을 배운다는 것은 우선 단순하고 효과적이면서도 재미있는 손의 움직임에 대한 흔적을 만드는 것이다. 그러다 나중에 좀 더 복잡한 움직임이 그 흔적 위에 더해진다. 이 과정이 잘 이루어지면 언제부터인가 능숙하고 좋은 필체가 생긴다. 물론 그러려면 꽤 긴 시간이 걸린다. 글자를 쓰지 않고는 글자 쓰는 법을 배울 수 없기 때문이다. 그건 읽기나 계산하기도 마찬가지다. 읽기는 읽음으로써 배우고, 계산도 실제로 계산함으로써 배운다.

덧셈은 당연히 빨리 배울 수 있다. 그런데 덧셈을 빨리 하려면, 다시 말해서 숫자를 더할 때마다 덧셈 규칙을 떠올리며 '영(0)'에서부터 다시 시작하지 않으려면 수없이 덧셈을 해보아야 한다. 글자를 쓰고, 글을 읽고, 계산을 할 때 중요한 것은 그와 관련된 원칙에 대한 이해가 아니라 문화적 측면의 기술이다. 영역만 다를 뿐 공중제비나 스키, 축구를 배우는 것과 비슷한 기술이다. 물론 이 기술의 배경이 되는 원칙을 이해해야 하지만 그보다 더 중요한 것은 그 원칙에 의거해서 충분히 연습을 해야 한다는 점이다. 그것도 'Y'자를 어떻게 써야 할지 고민할 필요 없이 펜을 쥐면 저절로 'Y'자가 그려질 만큼 수없이 연습해야 한다. 그렇다고 이

제4장 _ 모든 것이 아이를 만든다

게 무척 어려운 일이라는 것은 아니다. 우리는 이 기술을 아주 쉽게 익힌다. 예를 들어 '8×8'이 얼마인지 우리는 깊이 생각하지 않고 바로 답한다. 이 곱셈의 결과가 '64'라는 것은 이미 우리 머릿속에 있기 때문이다. 개별 알파벳을 연결해서 단어를 만들 때도 특별히 고민하지 않는다. 글을 읽을 때도 우리는 한 자 한 자 짚어가며 읽지 않고 알파벳과 알파벳 사이를 풀쩍풀쩍 뛰어넘어가며 읽는다. 많은 수의 알파벳을 뛰어넘어도 문장을 읽는 데는 아무 문제가 없다. 그냥 쓱 한 번 보는 것만으로도 개별 알파벳을 넘어 훨씬 많은 정보를 받아들이기 때문이다. 물론 이런 일은 그전에 훈련을 많이 했기에 가능하다. 다시 말해 문화적 측면의 기술을 숙지할 뿐 아니라 자기 것으로 만들어야 한다는 말이다. 이 과정이 시작되는 곳은 학교다.

발달 이정표

"연습이 대가를 만든다."

유명한 금언이다. 의식적인 지식은 아르키메데스의 '유레카'처럼 순간적인 깨달음의 결과로서 비약적으로 찾아올 수 있지만,

우유보다 뇌과학

무의식적 지식은 오직 기나긴 연습으로만 습득할 수 있다. 예를 들어보자. 유명한 바이올린 연주자가 있다. 그는 열 살 때는 1년에 약 1,000시간 동안 바이올린을 연습했고, 10대 때는 4,000시간, 20대 때는 1만 시간 넘게 연습했다. 반면에 웬만큼 괜찮은 연주자는 연습 시간이 이 사람의 절반 정도이고, 아마추어 연주자는 4분의 1에 그친다. 거장은 하늘에서 뚝 떨어지는 것이 아니다.

제4장 _ 모든 것이 아이를 만든다

음악 수업과 연극 수업
_ 추가 교육의 효과

　문화적 기술, 그러니까 읽기, 쓰기, 계산 같은 기술과 관련해서 반복해서 제기되는 물음이 있다. 음악을 하는 것이 학습에 긍정적인 영향을 끼칠까? 그럴 것 같은 느낌이 들지만, 막상 그것을 실제로 증명하는 일은 무척이나 어렵다.

　2004년 캐나다 작곡가이자 심리학 교수 글렌 셸렌베르크 (Glenn Schellenberg)는 이 문제와 관련해서 아주 훌륭한 연구 결과를 발표했다. 셸렌베르크 연구팀은 일단 신문 광고로 음악이 아이들의 학습 능력에 미치는 영향에 관심이 있는 부모를 찾았다. 그 밖에 다른 조건을 소개하면 다음과 같다. 아이는 초등학교

우유보다 뇌과학

1학년이어야 하고, 집에 언제든 칠 수 있는 피아노가 있어야 하고, 부모 본인도 피아노 치는 것을 좋아해야 한다. 실험 기간은 1년이었다.

부모들에게는 사전에 아이들이 네 개의 실험군으로 나뉠 것이며, 어떤 집단에 들어갈지는 추첨으로 결정된다는 점을 밝혀두었다. 첫 두 집단은 통상적인 학교 수업 외에 강도 높은 음악 수업을 받았는데, 하나는 피아노, 다른 하나는 노래 수업이었다. 세 번째 집단은 연극 수업을 받았고, 네 번째 집단은 표준 교과 외에 다른 수업을 따로 받지 않았다. 1년 뒤 연구자들은 이 과정이 읽기와 쓰기, 계산 같은 기술에 어떤 영향을 끼쳤는지 확인할 생각이었다. 그게 가능한 이유는 아이들을 무작위로 뽑았고, 특별한 사전 조건이 없었으며, 모든 일이 우연에 따라 진행되었기 때문이다.

결과는 놀라웠다. 누구나 예상하던 방향이 아니었다는 말이다. 1년 동안 피아노 수업을 받은 첫 번째 집단은 다른 집단에 비해 읽기와 계산 능력에서 우위를 보였다. 노래 수입을 받은 두 번째 집단도 마찬가지로 읽기와 쓰기에서 다른 집단에 비해 성적이 좋았다. 반면에 연극 수업을 받은 세 번째 집단은 읽기, 쓰기, 계산 능력에서 개선된 것이 없었다. 추가 수업을 받지 않은 네 번째 집단도 마찬가지였다. 그런데 의외의 사실은 첫 번째 집단, 그러니

제4장 _ 모든 것이 아이를 만든다

까 피아노 수업을 받은 아이들이 노래 수업을 받거나 교과 수업만 받은 아이들보다 사회성이 더 뛰어나지 않았다는 것이다. 반면에 연극 수업을 받은 아이들은 사회성이 뚜렷이 증가했다. 그렇다면 이 결과가 보여주는 것은 분명하다. 배움에는 한 가지 방식만 있는 것이 아니라 여러 가능성이 있다는 것이다. 연극을 배운 집단에서 사회성이 개선된 것은 아이들이 타인의 입장에 서서 자신을 타인과 일체화했기 때문으로 보인다.

이 결과가 학교에 시사하는 바는 무엇일까? 스위스는 인구 700만 명을 넘지 않는 작은 나라다. 그만큼 교육 영역에서 사회적 편차는 크지 않다. 다만 아이들의 읽기, 계산, 자연 이해 능력은 지역별로 차이가 뚜렷하다. 스위스 동부의 몇몇 지역은 서부의 몇몇 지역보다 성적이 확연하게 좋다. 이를 어떻게 설명해야 할까? 정확한 이유를 제시할 수는 없으나 상관관계는 분명해 보인다. 학교 수업이 주요 과목에 집중될수록 지식 수준과 응용 능력은 분명 더 나아진다. 하지만 이 능력은 더 나은 이해와 더 나은 관련성 파악에 도움이 되는 추가 수업 시간과 결부되어 있다. 그래야만 주요 과목을 통해 얻은 지식을 응용하는 능력도 더 좋아진다.

유치원을 닮은 초등학교
_ 태도를 배운다는 것

    국제학업성취도평가(PISA)에 따르면 유치원을 오래 다닐수록 열다섯 살 때 학업 성취도가 더 높은 것으로 나타났다. 그런데 이유가 색다르다. 유치원 때 벌써 1부터 20까지의 수와 알파벳을 익혔기 때문이 아니라 학업에 가장 기본이 되는 '태도'를 배웠기 때문이다. 예를 들면 귀 기울여 듣는다거나, 아이들 무리에 낀다거나, 얌전하게 앉아 있는 법을 배운 것이다. 게다가 집단 내에서 자신의 주장을 관철하거나 특정 상황에서 자신의 의견을 철회하는 법도 배운다. 그것도 남에게 거부감을 주지 않으면서 자신의 주장을 관철하고, 스스로 상처를 입지 않으면서 주장을 철회하는 법을 배운다. 결국 아이들은 유치원에 다니면서 자신이 개인인 동시에 공동체의 일원이라는 사실을 깨닫는다.

학교에 들어갈 때 이런 인식을 갖고 있는 것은 정말 중요하다. 앞서 말한 그런 기본적인 것을 체득한 상태로 입학해야 한다는 말이다. 만일 학교에 들어가서야 그것을 습득하려고 하면 과정은 고통스럽고, 시작도 늦는다. 이런 이유에서 유치원에서 보내는 시간은 굉장히 중요하다. 물론 부모 눈에는 아이들이 유치원에서 놀기만 하고, 괜한 일로 시간을 낭비하는 것으로 비칠 때가 많다. 하지만 그렇지 않다. 지금껏 일관되게 설명한 것처럼 학교는 유치원으로부터 많은 것을 배워야 한다. 반면에 유치원은 학교로부터 배울 것이 많지 않다. 유치원이 학교를 따라하는 것은 결코 좋지 않다. 오히려 초등학교가 유치원의 많은 점을 따라해야 한다. 예를 들어 학습은 재미있어야 하고, 아이들은 놀면서 배워야 한다는 점이다. 그래야 학습이 제대로 이루어지면서 아이들은 성큼 발전할 수 있다.

예를 들어보자. 현재의 초등학생이 훗날 직장에서 동료들과 잘 지내고 남에게 인정받으려면 뇌 속에 어떤 흔적이 만들어져야 할까? 올바른 감정적 반응에 대한 회로가 그것이다. 타인이 내게 호통을 치거나 남들 앞에서 모욕을 주면, 또는 내가 불쾌한 신체 접촉을 당하거나 사랑에 빠지면 어떻게 해야 할까? 또한 내 사랑이 응답을 받지 못하면 어떻게 해야 할까? 이 모든 것은 오늘날뿐 아니라 이미 수천수만 년 전부터 만인에게 해당되는 문제였다. 이런 상황에 대처하는 법을 배울 한 가지 가능성이 있다. 앞서 언급한 '연극 놀이'를 해보는 것이다. 우리는 이 놀이를 통해 살면서 부딪힐 수밖에 없고, 때로는 극단으로 흐르기도 하는 사회적 상황의 특정 행동을 연기해볼 수 있다. 셰익스피어의 희곡 작품이 이상적이다. 셰익스피어는 인간에 대한 면밀한 관찰을 토대로 인간이 그런 상황에서 어떻게 행동하는지를 상세히 밝혀놓았다. 그래서 우리는 등장인물들을 비웃기도 하고, 때로는 그들과 함께 울기도 하면서 당시 관객들처럼 연극 내용에 감명을 받는다. 물론 작은 차이는 있다. 당시에는 연극 공연이 술집에서 이루어졌고, 모든 이가 귀 기울여 들었다는 사실이다.

그렇다고 이제 아이들을 데리고 열심히 연극을 보러 다니라는 얘기가 아니다. 요점은 아이들에게 연극 놀이를 시키고, 그로써 아이들이 언젠가 사용하게 될 여러 흔적을 머릿속에 심어주라는 말이다. 구체적으로 말해서 남의 행동에 어떻게 반응할지, 특정 상황에서 감정을 어떻게 처리할지, 또는 사회적 전략을 어떻게 짤지 뇌 회로를 만들어주라는 뜻이다. 만일 뇌 속에 시냅스가 무성하고 흔적까지 충분히 형성된 시기에 아이들이 그런 다양한 레퍼토리를 '집중적으로 연습한다면' 나중에 필요할 때 적절하게 끄집어낼 수 있다. 따라서 연극 놀이는 나중에 아무 때나 해도 될 일이거나, 아니면 어차피 아무도 참여하지 않는다는 핑계로 기껏 방학 전날에나 하는 하찮은 일이 아니다.

나는 연극 놀이가 스포츠나 음악 활동과 마찬가지로 학교에서 충실히 실시되어야 한다고 생각한다. 연극 놀이는 아이들의 인성 발달과 인격 형성에 아주 중요하다. 그것은 학교의 사명이기도 하다. 학교는 아무도 관심을 갖지 않는 재미없는 사실을 아이들에게 주입하는 것만으로 만족해서는 안 된다.

발달 이정표

그렇다면 어떻게 해야 할까? 먼저 아이들의 학업 성취도를 높이기 위해 수업 시간을 더 늘리자는 주장에 동조해서는 안 되고, 아이들이 공부만 하도록 해서도 안 된다. 삶이라는 게 늘 그렇듯 관건은 올바른 양이다. 일반적으로 어떤 과제가 너무 쉬우면 아이는 그것을 해결하고 싶은 자극을 별로 느끼지 못한다. 반면에

우유보다 뇌과학

과제가 너무 어려우면 심리적 압박이 너무 커서 스트레스에 빠진다. 여러 연구에 따르면 학습 능력은 우리 몸속의 스트레스 호르몬인 코르티솔(cortisol)과 연결되어 있다. 자극이 너무 적다는 것은 스트레스 호르몬의 수치가 낮다는 것을 의미한다. 반면에 코르티솔 수치가 너무 높다는 것은 스트레스 신호를 가리키고, 이는 학습 능력의 축소를 부른다. 적당량의 스트레스를 받아야 도전정신이 생기고 괜찮은 학습 결과로 이어진다.

제4장 _ 모든 것이 아이를 만든다

공감하고 판단하는 아이들
_ 지식과 감정의 발달

아이들의 사회적 사고, 즉 지식과 감정은 어떻게 발달할까? 여기서 굉장히 중요한 사실은 지식과 감정이 완전히 다른 두 가지 능력이나 통로가 아니라 동일한 것의 두 가지 측면이라는 점이다. 감정 없는 지식은 없고, 지식 없는 감정은 없다. 뇌 속에서 지식 체계와 감정 체계는 부분적으로 분리되어 있기는 하지만 전체적으로 보면 무척 많은 통로로 연결되어 있다. 특히 일고여덟 살 때 두 가지 주요 영역의 연결은 뚜렷이 증가한다. 인간은 두 영역의 긴밀한 협력 속에서 자신의 감정을 더 잘 이해하고, 양심의 균형을 잡을 수 있다. 게다가 인간의 기질도 이러한 지식과 감정의 연결에 점점 좌우된다. 학습과 관련해서 명확하게 밝혀진 사실이 있다. 기질에 따라 아이는 어떤 문제에 관심이 많거나 적을 수 있다는 것이다. 또한 하나의 문제를 파고들거나 한 가지 활동에 집중하는 끈기가 많거나 적을 수 있고, 자신의 활동에 애정이 많거나 적을 수 있으며, 전체적으로 낙관적이거나 비관적일 수 있다. 여기에는 정말 많은 과정이 일정한 작용을 하는데, 생물학적 과정도 거기에 포함된다. 물론 경험은 기질을 바꿀 수 있고, 기질에 영향을 끼칠 수 있다. 하지만 기질은 늘 인간과 동행한다.

좀 더 자세히 들여다보자. 예를 들어 타인의 입장에서 생각하는 능력은 어떻게 발달될까? 자기 자신만 생각하지 않고 타인의 감정이나 생각을 실제로 이해하려고 하는 것은 정말 대단한 능력이다. 우린 그것을 '공감'이라고 부른다. 아이는 여섯 살 정도만 돼도 아파하는 다른 친구를 보면 위로하고, 아픈 곳을 어루만져주려 한다. 이 친구가 지금 아파하고 있으니 속히 통증이 없어지기를 바라는 것이다. 그런데 8~10세 아이들은 이제 다른 사실까지 알아차린다. 슬픈 표정으로 말없이 세상을 바라보는 아이라고 해서 반드시 남의 위로를 받고 싶어 하지는 않고, 오히려 혼자 있는 쪽을 더 원할 수도 있다는 것이다. 그래서 그런 친구는 그냥 혼자 내버려둔다. 여덟 살 무렵에는 타인에 대한 이해도가 눈에 띄게 증

제4장 _ 모든 것이 아이를 만든다

가하고, 행동도 그에 맞추어 이루어진다.

나중에, 그러니까 10~12세에는 타인에 대한 공감 능력이 개인을 넘어 집단으로 확장된다. 아이는 이제 몸이 마비되거나, 앞을 못 보거나, 귀가 안 들리는 사람에게 이해심을 보인다. 또한 개인에게 감정을 이입하는 능력뿐 아니라 특별한 어려움과 맞서 싸워야 하는 사람들 일반을 이해하는 능력도 갖춘다. 예를 들면 물이 없어 고생하는 사하라 사막의 주민들, 가난한 사람들, 먹을 것이 충분치 않은 사람들에 대한 이해심이다. 이는 좀 더 높은 수준의 공감 능력이다. 여기서 정말 흥미로운 한 가지 보편 원칙을 발견할 수 있다. 한 아이 또는 한 인간의 발달은 밑에서부터 위로 곧장 올라가는 일직선의 형태가 아니라 빙글빙글 돌면서 계속 제자리로 돌아오는 듯하지만 동일한 차원이 아닌 좀 더 높은 차원으로 발전하는 나선형의 구조로 이루어져 있다는 사실이다.

타인에 대한 감정은 일찍부터 발달한다. 그런데 여기에 나선형 발달 시스템의 결과로서 다음과 같은 인식이 덧붙여진다. 타인이 느끼는 것은 내가 느끼는 것과 완전히 다를 수 있다는 것이다. 그리고 여기서 한 걸음 더 나아가 인간의 전체 집단, 즉 국가는 나와는 상관없지만 그럼에도 내가 충분히 이해할 수 있는 문제들을 갖고 있다는 사실도 깨닫는다.

아이들에게 공정함이란?

나선형적 발달에 대한 또 다른 예는 공정함, 즉 정의감에 대한 아이들의 인식 변화다. 그와 관련해서 한 연구가 실시되었다. 대상은 크리스마스 바자회에 내다 팔 물건들을 함께 만든 아이들이다. 연구팀은 아이들에게 수익금 분배 문제를 제기했다. 수익금은 어떻게 분배해야 할까? 누가 얼마나 받아야 할까? 결과는 흥미로웠다. 5~7세 아이들은 모두 똑같이 받아야 된다고 대답했다. 모두 같이 일했기 때문이라는 것이다. 반면에 열 살 아이들의 판단은 달랐다. 모두가 동참했지만, 일에 쏟은 노력을 고려해야 하고, 그에 따라 보상도 달라져야 한다고 했다. 이 결과가 보여주는 것은 명확하다. 공정함에 대한 고학년 아이들의 판단에는 또 다른 요소, 그러니까 앞서 언급한 나선형적 발달에서 좀 더 높은 단계의 요소가 추가된 것이다.

연구팀은 사회적 사고의 발달과 관련해서 아이들에게 또 다른 질문을 던졌다.

"법은 왜 있어야 할까? 우리는 왜 규칙이 필요할까? 법은 어디에 유익할까?"

여섯 살 아이들의 대답은 다음과 같았다.

제4장 _ 모든 것이 아이를 만든다

"누군가 껌을 씹지 말아야 한다면 다른 사람도 껌을 씹어서는 안 되기 때문에 법이 필요해요."

모두 인간이 똑같이 대우받기 위해 법이 있어야 한다는 뜻이다. 이러한 태도는 개인적이고 구체적인 경험에 토대를 두고 있다.

8~10세 아이들의 대답은 달랐다.

"어떤 건 해도 되고, 어떤 건 해서는 안 되는지 알기 위해 법이 필요해요."

이건 좀 더 추상적이다. 여기서는 금지와 허용 그리고 질서의 문제가 대두되고, 그것을 설명하기 위해 법이 필요하다는 것이다. 10~12세 아이들은 그보다 좀 더 높은 차원의 대답을 했다.

"사회가 순조롭게 돌아가기 위해 법이 필요해요."

아무리 많은 사람이 살더라도 모두가 한 사회에서 살 수 있기 위해 법이 필요하다는 뜻이다. 이로써 다음 사실을 확인할 수 있다. 사회적 사고방식은 매우 개인적이고 구체적인 차원에서 출발해서 차츰 추상적이고 보편적인 차원으로 발달한다.

인간이 된다는 것
_ 교육과 멘토의 역할

"아이를 하나 키우려면 온 마을이 필요하다."

아프리카 속담인데, 당시 미국의 퍼스트레이디 힐러리 클린턴은 이와 관련해 책을 쓰기도 했다. 사실 이 속담이 아니더라도 아이들에게 말을 걸어주고, 교류를 통해 필요한 정보나 사회적 관계를 익히게 하는 파트너가 필요하다는 사실은 누구나 안다. 처음에는 엄마와 아빠가 그 역할을 한다. 그러다 범위가 확대된다. 유치원의 좋은 교육자는 엄마가 하는 많은 일을 할 수 있고, 거꾸로 교육자가 없을 때 엄마도 교육자 역할을 한다. 학교에 들어가면 교사나 또래 친구들의 역할이 중요해진다. 게다가 학교 밖의

클럽이나 동아리에 가입하면서 아이의 관계는 확장된다. 그렇게 계속 넓혀가다 보면 온 마을 사람이 아이에게 멘토가 될 수 있다.

아이가 복잡한 관계망 속에서 자라는 것은 중요하다. 또한 행위의 본보기를 스스로 찾고, 이런저런 사람이 되길 원하면서 그 사람을 모방하는 것도 중요하다. 이때 미디어에 나오는 우상도 일정한 역할을 하지만, 결국 나중에는 그런 우상이 사람 간의 교류를 대신할 수 없음을 알게 된다. 연구에 따르면 그건 어린아이든 어른이든 마찬가지다.

아이들의 열정은 언제 깨어날까?

아이들은 언제 스스로 힘껏 노력할까? 선생님을 좋아하면, 또는 엄마가 좋으면 그렇게 한다. 아이는 대개 부모를 좋아한다. 그렇다면 부모는 일단 훌륭한 선생이 될 수 있는 조건을 가지고 있다. 다만 아이와의 좋은 관계만으로는 부족하다. 내용도 필요하다. 올바른 선생은 둘 다 갖고 있어야 한다. 그래서 수학 같은 특정 과목을 가르치기도 해야 하지만, 동시에 아이 자체를 가르치기도 해야 한다. 그래야 모든 게 원만하게 흘러간다. 선생이 아

우유보다 뇌과학

이에게 어떤 일에 대한 열정을 일깨우면 아이는 저절로 그 일에 힘을 쏟는다. 이때 잊지 말아야 할 것이 있다. 직장에 다니는 엄마는 그렇지 않은 엄마와는 아주 다른 방식으로 많은 일에서 10~12세 아이의 열정을 일깨울 수 있다는 사실이다.

가정 내에는 창의적인 관계의 여지가 많다. 사회가 지속적으로 변한다면 우리도 꾸준히 변해야 한다. 이때 목표를 놓쳐서는 안 된다. 우리는 무엇을 원할까? 자식을 억만장자로 키우고 싶은가? 아니면 세계챔피언이나 화려한 연예인으로 키우고 싶은가? 그런 것은 아닐 듯하다. 우리가 원하는 건 행복한 아이다. 행복한 아이는 자기 자신을 실현한 아이다. 다시 말해 자기 속의 가능성을 끄집어낸 아이다. 그러려면 초등학교에 다닐 나이, 즉 일곱 살에서 열두 살까지가 아주 중요하다. 열두 살 아이는 자기 속에 무엇이 있고, 자신이 무엇을 할 수 있는지 벌써 잘 안다. 우리는 그런 아이를 도와야 한다. 아이가 입학할 때부터 그럴 수 있도록 도와야 한다. 문제는 공부가 아니다. 행복한 인간이 되는 것을 도와야 한다.

우유보다 뇌과학

초판 1쇄 인쇄 2020년 8월 3일
초판 1쇄 발행 2020년 8월 10일

지은이 만프레드 슈피처, 노르베르트 헤르슈코비츠
옮긴이 박종대
펴낸이 신경렬

편집장 유승현 책임편집 김정주 편집 황인화
마케팅 장현기 정우연 정혜민
디자인 엔드디자인
경영기획 김정숙 김태희 조수진
제작 유수경

펴낸곳 ㈜더난콘텐츠그룹
출판등록 2011년 6월 2일 제2011-000158호
주소 04043 서울시 마포구 양화로12길 16, 7층(서교동, 더난빌딩)
전화 (02)325-2525 | 팩스 (02)325-9007
이메일 book@thenanbiz.com | 홈페이지 www.thenanbiz.com

ISBN 978-89-8405-009-9 03300

이 도서의 국립중앙도서관 출판예정도서목록(CIP)은
서지정보유통지원시스템 홈페이지(http://seoji.nl.go.kr)와
국가자료공동목록시스템(http://www.nl.go.kr/kolisnet)에서 이용하실 수 있습니다.
(CIP제어번호: 2020029280)